日本の中国侵略の現場を歩く

撫順・南京・ソ満国境の旅

青木 茂
AOKI Sigeru

花伝社

まえがき

戦後七〇年、二〇一五年は節目の年か

今年（二〇一五年）は「戦後七〇年」だということが色々な場面で話題にされる。この「戦後七〇年」が持つ意味を世界史的な観点から見れば世界反ファシズム戦争勝利から七〇年ということであり、日本にとっては一五年におよぶ侵略戦争の敗戦から七〇年ということになる。また、日本が始めた一五年戦争で一番長く戦い最も甚大な被害を受けた中国にとっては抗日戦争勝利から七〇年ということになる。

ともあれ、今年は戦後七〇年ということでいろいろなことに関心が寄せられているが、十進法で数えるときの一つの小さな区切りでしかない七〇年という数字に物理的・科学的な意味は特に無い。しかし、これまで日本の首相談話が一〇年毎に出されてきたという「歴史」があり、敗戦七〇年の「一〇年毎の節目の記念日」に安倍晋三首相が出すであろう首相談話が大げさではなく世界中から注目（危惧）されている状況を見れば、社会的・歴史的には戦後七〇年の今年を重要な「節目」であると意識せざるを得ない。

さらに、一五年戦争の最大の被害国である中国は、一九四五年九月二日に日本政府が降伏文書に調印した翌日の九月三日を中国人民抗日戦争勝利記念日として改めて明確に定め、「世界反ファシズム戦争

勝利と中国人民抗日戦争勝利の七〇周年」の記念行事を北京で行なうことを正式に決めている。今年の九月三日に行なわれるこの記念行事では、習近平国家主席が出席し、軍事パレードと閲兵式が実施されることも公表されている。中国では、閲兵式は一〇年に一度、建国記念日（一〇月一日）に合わせて開催される慣例になっているので、次回は二〇一九年の建国記念日に行なわれるはずだった。それが、抗日戦争勝利七〇周年の今年（二〇一五年）に前倒しされることになるのだ。

こうなると、敗戦七〇年の今年はやはり重要な「節目」の年であると考えざるを得ないのだろう。そして、中国がこれほどまでに抗日戦争勝利七〇周年を意識する理由が、安倍晋三首相が今の日本で絶大な権力を誇示しているからであることは明白だ。靖国神社を全身全霊で支持し、侵略加害の事実を認めず、被害国と被害者に賠償はおろか謝罪もしない安倍首相が率いる日本が再び侵略する国になることを最も危惧しているのが中国なのだろう。

抗日戦争勝利七〇周年を迎える中国の現状

さて、この十数年、私は毎年中国に行き、日本の侵略により被害を受けた現地を訪ね、惨劇の現場を確認し、被害者本人や犠牲者の遺族や研究者らから話を聞いている。そして、戦後七〇年の「節目」を前に、惨劇の現場を実際に見聞することで把握できた事実から、中国の現状を三つの視点でとらえることが必要だと思うようになった。その三つの視点に関わる中国の現状を以下に簡単にまとめておこう。

一．中国人被害者の現状

日本の侵略で家族や知人・友人を殺され故郷を破壊された中国人被害者と遺族の心の傷は、抗日戦争勝利から七〇年になろうとする今も癒されていない。加害者の日本が、謝罪や補償はおろか、侵略・加害の事実を認めることすら拒み続けているからだ。

侵略の惨劇を直接体験した被害者（生存者）は今ではもうわずかしか生き残っておらず、残された被害者は今必死になって事実を語り伝えている。そして被害者らは、加害事実を認め謝罪し補償するよう日本に求め続けている。

二．中国政府・指導者の現状

日本の侵略により被害を受けた中国の各地では、抗日戦争勝利から七〇年になろうとする今、虐殺記念館など被害を記録する資料館・記念館の建設や被害現場の保存・整備事業がいたる所で行なわれている。そして、それぞれの地に開設される記念館などの規模は驚くほど巨大である。侵略の被害を決して忘れない、加害者の日本に歴史事実をうやむやにはさせないとする中国政府・指導者の意志は明白だ。

こういう中国の動きの背景に、侵略の惨劇を直接体験した被害者（生存者）が高齢になり、もうすぐいなくなるという危機感がある。さらに、もう一つの背景として、歴史改竄《かいざん》主義者である小泉純一郎や安倍晋三が首相になり、日本国政府の意志として侵略・加害の歴史を否定し、再び侵略する国になる道を突き進む日本の現在の情況があることは明らかだ。

三．中国人被害者に寄り添う日本人の現状

一方、日本の侵略を受けた中国各地の数多くの被害地に入り、被害者と遺族に寄り添い被害者の訴えを聞き、日本政府に「正義」の実現を求め闘う日本人がたくさんいる。そういう日本人と中国人被害者の間には、友情と堅い信頼関係が育まれている。

絶望的な情況にある現在の日中関係の改善を日本の政府や官僚に期待することはできないが、この危機的状況を打開し日中の和解と友好を回復する希望を、日本と中国の人々の間に育まれている友情と信頼関係の中に見出すことができる。

この三つの現状に対し、中国のそれぞれの被害現場におけるそれぞれの具体的な情況を提示することが本書の狙いである。そこで、具体的な被害現場として本書で取り上げる撫順《ぶじゅん》と南京とソ連「満州」国境地帯という三カ所の特徴を以下に簡単に記しておく。

一．撫順

「満州」（中国東北部）全面侵略の初期に中国人住民三〇〇〇人が日本軍により集団虐殺された平頂山事件の現場である。一方、抗日戦争勝利後に開設された撫順《ぶじゅん》戦犯管理所では、天皇制軍国主義思想を信じて疑うことを知らない約一〇〇〇人の日本人戦犯を人道的に指導し、日中友好と反戦平和の活動を生涯にわたり実践する「真人間」に生まれ変わらせた。

二．南京

日本の歴史改竄主義者が消し去りたくてしかたがない加害事実の一つである南京大虐殺の現場である。あまりにも有名な事件なので説明は省略するが、中国では、南京大虐殺で三〇万人が殺害されたとされている。

三．ソ連「満州」国境地帯

「満州国」防衛と対ソ連戦争を想定し、日本軍（関東軍）は十数カ所の巨大要塞群をソ連と「満州国」の国境沿いに構築した。これらの国境要塞群や関連施設の土木建設工事を遂行するため三二〇万人余の中国人を日本が徴用（強制連行）し、過酷な労働を強制し、過労や飢えなどで一〇〇万人余を死亡させた。

この三カ所の被害現場におけるそれぞれの具体的な情況を、本書を読んでいただける皆さんに知ってもらい、最初に示した三つの現状を具体的に理解していただければ有難いと思う。

中国の旅へ

本書により、日本が中国侵略で犯した加害事実のほんの一部について具体的に理解してもらえると思う。そして、そのような加害事実が現実には数限りなく膨大に存在している。そういう加害事実を事実として認め、真摯に謝罪し、可能な限りの賠償を行なわなければ、日本が国際社会から受け入れてもらうことはできないし、日本の侵略で多大な被害を受けた国とその国の人たちとは真の友人にはなれない。

そして、他の多くの心ある日本人と同じように、中国やアジアの人たちと真の友人になりたいと私も思っている。

さて、本書では、社会や政治の情況などは、実際に現地を訪ねた時点（訪問年）の情況で記しているので、この点は御理解いただきたい。また、掲載している写真のほとんどは、本文で説明しているその時に私自身が撮影したものだが、本文の説明とは異なる日時に撮影した写真も一部に使用している。その場合は写真の解説に撮影日を付記した。

最初に説明したり御断りしておきたいことはとりあえずここまでとし、さっそく皆さんといっしょに中国の旅にでかけましょう。

日本の中国侵略の現場を歩く――撫順・南京・ソ満国境の旅◆目次

第一章　加害と人間再生の地・撫順……13

第二章　南京大虐殺から七〇年後の南京にて……81

第三章　ソ満国境地帯に関東軍要塞群を訪ねる……165

中国地図

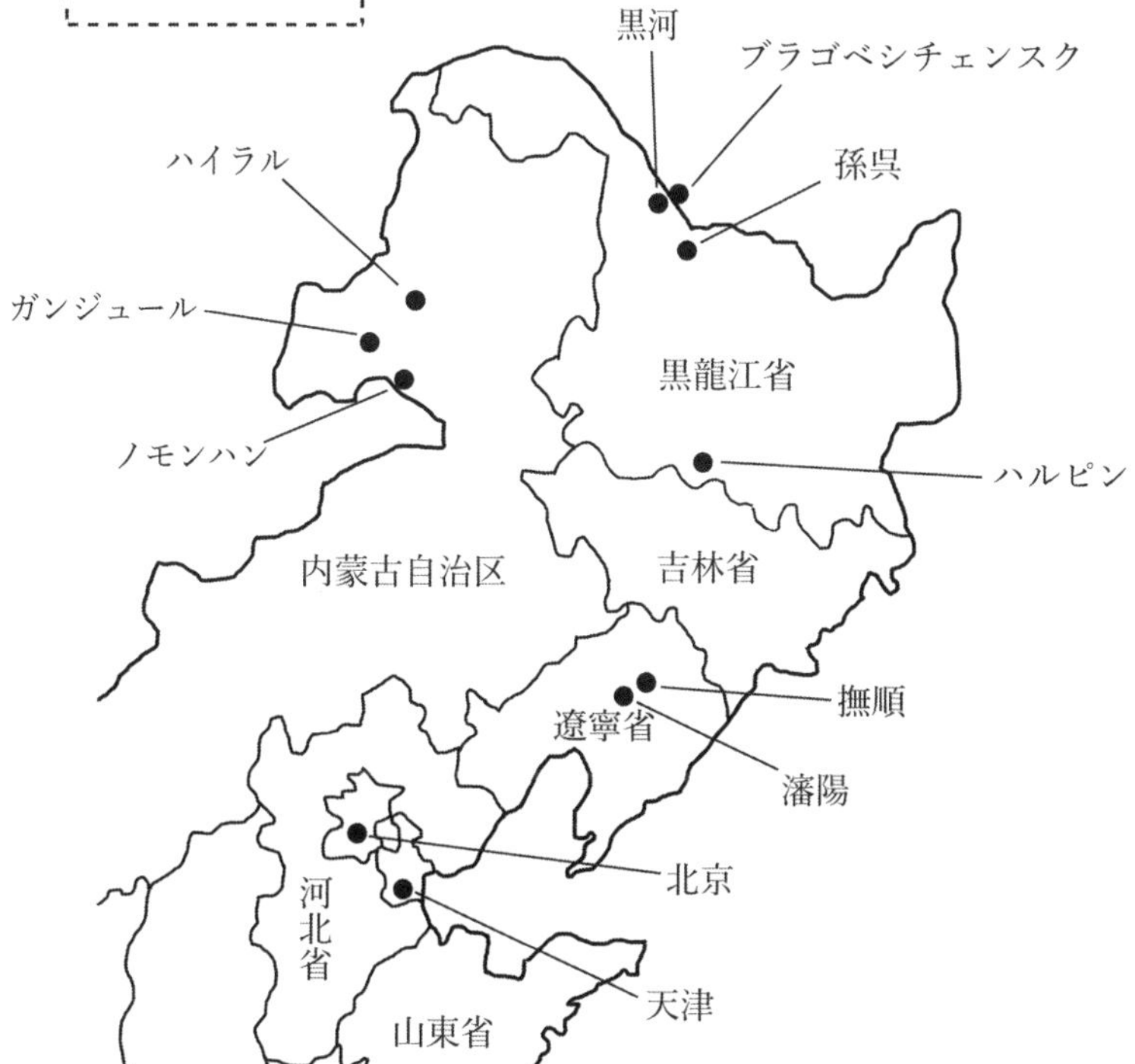
黒河
ブラゴベシチェンスク
ハイラル
孫呉
ガンジュール
黒龍江省
ノモンハン
ハルピン
内蒙古自治区
吉林省
撫順
遼寧省
瀋陽
北京
河北省
天津
山東省
南京
江蘇省
無錫
上海

第一章　加害と人間再生の地・撫順

平頂山事件七五周年犠牲者追悼集会と「撫順の奇蹟を受け継ぐ会」

傀儡《かいらい》国家「満州国」を「建国」し、日本が中国東北部を占領支配下に置いてから半年後の一九三二年九月一六日、「満州国」内にある一新興集落・平頂山《へいちょうさん》（遼寧省撫順市《りょうねいしょうぶじゅんし》）で三〇〇〇名の中国人住民が日本軍（関東軍）により虐殺された。中国東北部に対する日本の全面侵略の初期に日本軍が引き起こしたこの虐殺事件は平頂山事件として知られている。（注一）

その平頂山事件から七五年目の二〇〇七年九月一六日に、遼寧省撫順市の虐殺現場に開設された平頂山惨案《ざんあん》（惨殺事件）記念館で、犠牲者を追悼する式典・平頂山事件七五周年犠牲者追悼集会が挙行されることになった。この追悼集会に出席するため、日本の市民団体・「撫順の奇蹟を受け継ぐ会」（注二）（以下、略称の「受け継ぐ会」も使用）でも訪中団を派遣することになり、撫順在住の会員も含め十数名で訪中団が結成された。受け継ぐ会の一会員である私も、受け継ぐ会訪中団本隊の一員として今回の訪中に参加し撫順を訪ねることにした。

ところで、撫順の奇蹟を受け継ぐ会は、二〇〇二年に解散した日本の市民団体・「中国帰還者連絡会」(注三)（以下、略称の「中帰連《ちゅうきれん》」も使用）の意志と活動を継承することを目的に結成された市民団体だ。そして、本稿の「撫順戦犯管理所・中帰連・受け継ぐ会」の項で説明するように、中帰連の原点は撫順にある戦犯管理所であり、中帰連にとって撫順は故郷同様の地だ。それゆえ、平頂山事件七五周年犠牲者追悼集会への出席と共に撫順戦犯管理所を訪ねることも、今回の受け継ぐ会訪中団の撫順訪問の主要な目的の一つになる。

撫順へ

平頂山事件七五周年犠牲者追悼集会が開催される前日の二〇〇七年九月一五日、午後一時二五分成田空港発の中国南方航空機で受け継ぐ会訪中団本隊の一二名は遼寧省の瀋陽空港に向け出発した。そして、中国現地時刻の午後三時三〇分ころ、ほぼ予定通りに瀋陽空港に到着する。

入国手続きなどを済ませたあと到着客出口で、撫順市外事弁公室副処長の金濴凡《ジンディーファン》さんの出迎えを受ける。金濴凡さんは受け継ぐ会との交流が長く、気心の知れた間柄だ。また、日本に留学したことがあり日本語が堪能で、対外友好協会の職員も兼務している。対外友好協会は一応は民間の組織ということだが、撫順では外事弁公室の職員が対外友好協会の職員を兼務している。

この日の天気は晴れ。駐車場に待機している大型観光バスに乗り込み瀋陽空港を出発し撫順に向かう。高速道路の制限速度は、乗用車が一二〇キロ、バスは一一〇キロ、トラックは一〇〇キロで、瀋陽から撫順まで通常は四〇分くらいとのことだが、今回は高速道路の一部が工事中なので少し遠回りする道を通り、撫順市内にあるホテル・友誼賓館《ゆうぎひんかん》に七〇分ほどかかって到着する。

撫順訪中団合同交流夕食会

訪中初日の九月一五日の夜は、日本からやって来た幾つかの訪中団による合同交流夕食会が友誼賓館で開催される。出席するのは、撫順イベント実行委員会・日本中国友好協会（以下、日中友好協会と略称）・撫順の奇蹟を受け継ぐ会・平頂山事件研究会などの訪中団で、撫順市社会科学院の傅波《フーボー》院長夫妻を招待している。（注―撫順イベント実行委員会は、平頂山事件の勝利をめざす実行委員会・受け継ぐ会・中国人戦争被害者の要求を支える会・日中友好協会墨田支部の四団体で構成される。）

定刻の午後七時三〇分に友誼賓館の食堂に約七〇名の出席者が集い、平頂山事件裁判弁護団の川上詩朗弁護士の「全国の人の交流を深めよう」という挨拶で交流夕食会が始まる。

乾杯の音頭をとるのは、一〇歳まで撫順市に住み撫順市内の東七条小学校に通っていた本多了《ほんだりょう》さんだ。乾杯の挨拶で本多さんは、「東七条小学校の同級生は平頂山事件を知らない、当時撫順に住んでいた大人も事件のことを知らない」と当時の状況を紹介する。

そのあと、参加団体の代表らが挨拶や団体の紹介を順に行なう。発言者の名前と所属団体名は以下のようだ。

一．日中友好協会訪中団団長で同協会会長の長尾光之さん
二．撫順イベント実行委員会訪中団団長で平頂山事件の勝利をめざす実行委員会事務局長の澁谷和佳子さん
三．撫順の奇蹟を受け継ぐ会訪中団団長で同会神奈川支部長の松山英司さん
四．今回の共同行動全体のとりまとめ役で日中友好協会板橋支部特別顧問の李楼《リロウ》さんと撫順市外事弁

公室副処長の金滌凡さん
五．平頂山事件訴訟弁護団の弁護士・泉澤章さん
六．平頂山事件研究会代表の井上久司さん（駿河台大学法学部教授）
七．受け継ぐ会撫順支部の山本俊広さん（遼寧石油化工大学に留学中で撫順市在住）
これらの挨拶や団体紹介のうち、三番目に挨拶に立った受け継ぐ会の松山英司さんの話を以下に紹介しておこう。

「このたび、日中友好協会や撫順イベント実行委員会などの皆さんと撫順の地を訪れる機会を得たことに、私たち受け継ぐ会訪中団一同は大変感激しています。中国帰還者連絡会の精神と事業を受け継ぐために結成した受け継ぐ会の私たちにとって、撫順は特別の地であります。心のふる里でもあります。

しかし、心のやすらぎをただ覚えるということではありません。かつて戦犯であった中帰連の方たちは、五年間の過酷なシベリア抑留を経て撫順戦犯管理所に収容された時は、人間の品性を完全にはぎ取られた、まさに『鬼子』そのものでありました。その『鬼子』を本来の人間に蘇生させてくれたところが、明日私たちが訪れる予定の撫順戦犯管理所です。そして、本来の人間に導いてくれたのが管理所の職員の方々です。

しかし、その職員の多くは、『日本鬼子』と化した日本兵に家族を殺され、あるいは自らが傷つけられ蹂躙された方々でした。彼らはその恨みを飲み込んで日本人戦犯に接してくれたのです。恨みを飲み込んでと一言で言えますが、どんなに葛藤したことでしょうか。

また、戦犯たちにとっても、侵略戦争の渦中で自分が何をしてきたのかを自分自身で見つめることは本

当につらいことです。しかし、戦犯たちは事実を少しずつ紙に書き始めました。そこに少しでもごまかしがあれば、管理所の指導員に指摘されたといいます。

その作業の繰り返しによって、あの町であの村で自分が手をかけた中国の方々の顔が見えてきたそうです。ある戦犯だった方が手記に書いています。『私が書いているのではなかった。あの中国人が私の手をつかんで離さないのです』と……。

自分自身の死刑を覚悟しなければできない罪の告白。死を覚悟して書いた供述書の、その先に待っていたのは、想像もできなかった大きな許しです。

一九五六年に開廷される国際軍事法廷の前に千余名の戦犯のほとんどが不起訴とされ、その夏、三班に分かれて帰国船・興安丸の船上の人となり、なつかしい祖国の土を踏むことができました。

さらに、起訴された四五名に対し一九五六年七月に瀋陽で行なわれた国際軍事法廷でも、万死に値する自らの罪を認め身を投げ出して死刑を求める戦犯に対し、人間の再生を信じる大きな愛の賭けが恩讐を超えてなされました。判決で、死刑や無期懲役は一人もなく、最高でも二〇年の懲役刑でした。しかも、シベリア抑留と戦犯管理所での収監期間が刑期に編入され、その後減刑されて、一九六四年には全員が帰国することになります。

帰国後、彼らは中国帰還者連絡会を結成し、反戦平和と日中友好のために侵略戦争の罪悪を証言し続けてきました。ここに、人間回復の原点があり、教育の原点があり、人間の生き方の原点があります。

さて、今回の訪中にあたって、残念なことが一つだけあります。高齢のため訪中が困難になり、みなさんの目の前に中帰連の方がいないことです。

たしかに、寄る年波は誰にでも訪れてきます。それでもなお、今年のあの猛暑の中を、あちらこちらで元気に証言してくれました。この秋にも、九月二九日に「九条フェスタ」という行事の中で、四名の中帰連の方の講演を予定しています。まだまだ元気に活躍できるよう、私たちも精一杯手伝いをしたいと思います。

撫順の奇蹟を受け継ぐ会は、二〇代の若者の呼びかけに応えて二〇〇二年の春に結成しました。そして、反戦平和と日中友好のバトンを中帰連から受け取り、中帰連の方たちといっしょに歩み始めました。二〇歳代の若者から七〇歳代の人まで含めて、中帰連の方々が発信し続けた反戦平和と日中友好の火を燃やし続けていきたいと思います。」

（注：松山さんが準備した原稿を基本的に引用し、若干の変更を青木が加えている。）

帰国後の報告で松山さんは次のように記している。

「……私（松山さん）にとって一番苦手なスピーチの機会が何回もあって困りました。そつなくというより誠意ということを心がけたつもりでしたが、実際はというと心許ない結果だったと思います。日中友好協会や弁護団を中心とした実行委員会と受け継ぐ会の三者で合同する機会もあって、その際はスピーチの中で、少しでも受け継ぐ会の独自性を説明しようと考えていましたが、不十分だったと思います。ただ、中帰連の精神と事業を受け継ぐわが会は撫順戦犯管理所にこだわっていますと強調しました。……」

平頂山事件七五周年犠牲者追悼集会

撫順訪問二日目の九月一六日は、平頂山事件の現場に造られた平頂山惨案記念館で平頂山事件七五周年犠牲者追悼集会が開催される。これに出席するため、受け継ぐ会訪中団本隊は午前九時に友誼賓館を出発し、撫順炭鉱の巨大な露天掘り鉱の脇を通り、一〇分ほどで平頂山惨案記念館に到着する。

ところで、平頂山事件の虐殺現場で犠牲者の遺骨の発掘が本格的に始められたのは事件から三八年後の一九七〇年の夏のことだ。そして、発掘開始から二年後、事件からは四〇年目の一九七二年九月一六日に虐殺現場に遺骨館が竣工し、虐殺現場はそっくり保存された。

それから三十年余を経たあと、平頂山事件七五周年の二〇〇七年に向け、虐殺現場をそっくり保存する遺骨館や殉難同胞記念碑と記念碑前の広場などの改修と巨大な資料館の新設が進められてきた。大きな池を備える広い庭園も資料館の前に新たに整備され、平頂山惨案記念館は新しい装いに一新される。そして、七五周年犠牲者追悼集会が開催される九月一六日に初めて一般に公開されることになる。しかし、展示資料の準備などが遅れている新設の巨大な資料館の公開だけはもう少し先になるようだ。

さて、事件から七五年目の九月一六日の朝、殉難同胞記念碑の前の広場に設営された追悼集会会場に、平頂山事件の生存者と遺族、遼寧省および撫順市の政府関係者・労働者・農民・学生など二〇〇〇名の中国人が参集している。そこに、日本人を中心とする外国からの出席者約一八〇名も加わっている。

改修された殉難同胞記念碑と集会会場となる石畳の広場は、快晴の青空を背景に、素材の石の白さが新鮮な感じを与える。記念碑の前には、黒地に白い文字で「撫順平頂山同胞遇難７５周年公祭大会」と記された巨大な横断幕が張られ、たくさんの花が供えられている。そして主催者が、快晴の青空の下で

平頂山事件七五周年犠牲者追悼集会
正面に殉難同胞記念碑。手前側に参列者が並ぶ。

追悼集会の開会を宣言し、最初に参列者が紹介される。たくさんの団体名や個人名が読み上げられる中で、日本の民間団体やマスコミの名前も幾つか紹介される。

次に、白い制服で正装する吹奏楽団により中国国家が演奏され、続けて楽団が演奏する重々しい曲が流れる中で献花が行なわれる。たくさんの献花の中で、受け継ぐ会を含む日本の民間団体も献花を行なう。受け継ぐ会を代表して花を運び供えるのは、荒川美智代さんと島田瑞穂さんの二人の若い女性だ。

続いて、各種の団体や組織の代表者が記念碑の前に順に進み出て弔意をささげる。その中に、平頂山の犠牲者追悼集会に日本の総領事として初めて出席する瀋陽日本領事館の阿部孝哉総領事の姿もある。阿部総領事は、自ら申し入れて集会に出席しているとのことだ。その後、平頂山にサイレンが鳴り渡り参列者が黙祷する。

ここまでで一区切りつけた後、中国共産党撫順市党委員会の周忠軒《しゅうちゅうけん》書記が挨拶に立ち、次のように話す。

平頂山事件から七五周年のこの日に大勢の人が集まり、三〇〇〇名の同胞に追悼の意を表わす。

歴史を忘れてはならない。日本軍は、平頂山の人々が抗日軍に通じていると見なし、大虐殺を行なった。

またたく間に三〇〇〇名が日本侵略者に殺された。八〇〇軒の家も焼き払われ、三〇〇〇名が生活していた村が跡形もなく破壊し尽くされた。忘れることのできない悪夢が残った。この悪夢を忘れることなど決してできない。

それから年月が過ぎ、自由を求めて抗日軍は戦い日本の侵略者に勝った。その後、中国は大いに発展し、過去の惨めな生活から脱却した。歴史を忘れてはならない。社会建設の遅れがあると他人につけ入られる。自分たちの力量を高め、現在の幸福な生活を守りたい。調和した世界の実現を呼びかけ、世界平和のために頑張る。

日本の軍国主義者が侵略の歴史を美化し過去を改竄し否定することを許さない。日本政府が責任を自覚し、アジアの人々が満足できる行動を示すことを期待する。

友人の皆さん、過去の四〇年の支配を克服し、撫順は新たな活力にみなぎっている。二三〇万人の撫順市民が、東北振興策に従い、新たな建設と新たな経済発展に邁進している。

歴史を忘れず後の教訓とすることが重要だ。平頂山事件を思い出し行動するのは悲劇を繰り返さないためだ。今、平頂山惨案記念館を増築しつつある。記念館を、青少年のための愛国教育の場としたい。平和の心が世界に届くことを祈念している。

七五周年犠牲者追悼集会にあたり、悲劇を繰り返さないことを同胞の皆さんに誓う。そして、すばらしい生活のために努力することを誓う。

中国共産党撫順市党委員会の周忠軒《しゅうちゅうけん》書記はこのように話した。

平頂山事件七五周年犠牲者追悼集会
劉伝利さん（右）の挨拶。左側の人は通訳。

さて、この日を八四歳で迎える平頂山事件の生存者の楊宝山《ようほうざん》さんは事件当時は満九歳で、平頂山の北西部にある煉瓦造りの一軒家に両親と弟の四人家族で住み、幸せに暮らしていた。しかし、両親と弟を事件で虐殺され、一人だけ残されてしまう。楊宝山さん自身も脇腹に銃弾を受け、日本兵に蹴られ頭にも傷を負った。

その楊宝山さんの娘婿の劉伝利《りゅうでんり》さんが、周忠軒書記の挨拶に続き、生存者と犠牲者の家族を代表し、犠牲者や追悼集会参加者と世界の人々に向け次のように話しかける。

同士・友人のみなさん、みなさんが七五周年犠牲者追悼集会に参集してくれたことを嬉しく思います。

七五年前、三〇〇〇人の同胞が殺されました。あの惨劇を思い出すたびに心が震えます。七五年前のことを私たち（劉伝利さんたち）は忘れるはずがありません。歴史を忘れることは犠牲者を裏切ることです。同胞の悲劇を無駄にはしません。

撫順の人々は、世界の人々と友人になりたいと思っています。そして、平頂山事件裁判の弁護団の皆さんやＪＲ東労組の皆さんなど日本の友人に、この場で感謝の気持ちをお伝えします。

平頂山惨案記念館が改修されることを私たちはとても喜んでいます。犠牲者もなぐさめられていることと思います。悲劇が繰り返されないよう、撫順の人々は力強く努力しています。同胞の皆さん、安らかに眠ってください。

このように語りかけた劉伝利さんに続き、撫順市の学生代表として、小学校高学年くらいの女の子が次のように話す。

殉難同胞記念碑の前に立つと歴史が目の前に浮かんでくる。侵略者は赤ん坊を殺し、母を殺した。そして、三〇〇〇人を殺した。この歴史は遠い過去のことではない。目の前に保存されている侵略者の行為を忘れることはない。三〇〇〇人の血の海を忘れない。昨日と今日、過去と現在、歴史はつながっている。民族の未来を若い私たちに手渡してくれた。私たちは、中日両国人民の友好を私たち自身の努力で築いていこう。中国の発展と世界の平和のため民族の精神を伝えていくことを私たちは赤いネッカチーフに誓う。

小学生くらいの女の子はこのように誓いの言葉を述べた。女の子は明るい水色の服を着て、赤いネッカチーフを首に巻いている。

次に、日本から参加しているJR東労組の千葉勝也書記長が次のように挨拶する。

追悼集会で挨拶の機会をいただき感謝する。今回の七五周年の集会にJR東労組から七〇名が参加している。七五年前の事件の被害者と家族に謝罪し、哀悼の意を表わす。

JR東労組は一九九三年に初めて平頂山に来て、日本軍の蛮行を知り心を痛めた。それから今日までに、侵略の実態を学ぶため二〇〇〇名の仲間が平頂山に来た。そして、この地に一九の小学校を建設し交流を進めている。私たちは過去から目をそむけず、世界平和のために戦う。今回の七五周年集会を契機に日中友好の動きを強めることをここに誓う。

ＪＲ東労組の千葉書記長はこのように話した。

以上で予定の挨拶などが終了し、七五周年犠牲者追悼集会の閉会が宣言される。最後に吹奏楽団により「インターナショナル」が演奏され、開会からちょうど一時間後の一〇時三〇分に追悼集会が終了する。

平頂山惨案記念館「遺骨館」

追悼集会のあと、改修された遺骨館を見学するため、集会に出席した来賓、次に外国からの出席者の順に、殉難同胞記念碑の前の広場から遺骨館へ続く階段を降り遺骨館に向かう。遺骨館の建物は外装にも随分と手が加えられているようだ。

その遺骨館の中に入る。表層に見える分だけでも八〇〇体ある遺骨が事件当時のまま横たわる虐殺現場は従来のままだが、新たに設置された巨大なガラスの囲いで、例えば熱帯植物園の巨大な温室のように虐殺現場全体が覆われ、遺骨保存のために空調がきちんと管理されるようになっている。このように改修される前は、虐殺現場に横たわる遺骨と、参観通路を通る参観者の間を遮るものは何もなく、虐殺された被害者と直接触れ合うことができた。（注四）しかし、参観通路と虐殺現場がガラスの囲いで仕切られることで、少しばかり距離ができたように感じる。

また、遺骨自体にも保存処置がきちんと施されたようで、以前は黒ずんでいた遺骨が白くなり、犠牲者の表情が一層鮮明に見えるように感じる。平頂山裁判弁護団の川上弁護士が保存処置作業の途中で遺骨館を訪れたときは、処置前の黒ずんだ遺骨と処置後の白い遺骨の差異がよく分かったそうだ。

大勢の入場者で遺骨館の館内はしばらくは大変に混雑したが、二〇分くらいすると混雑もおさまり、ゆっくり見ることも話をすることもできるようになる。そんな中で川上弁護士から、あの事件の日は中秋の名月の日で、たくさんの人が近隣から平頂山に来ていて、隣村の人も多数が犠牲になったなど、平頂山事件当日の村の様子など当時の情況が説明される。

そんなことで遺骨館の参観を終え、七五周年追悼集会が開催された殉難同胞記念碑の前に戻り、日本からやって来た幾つか

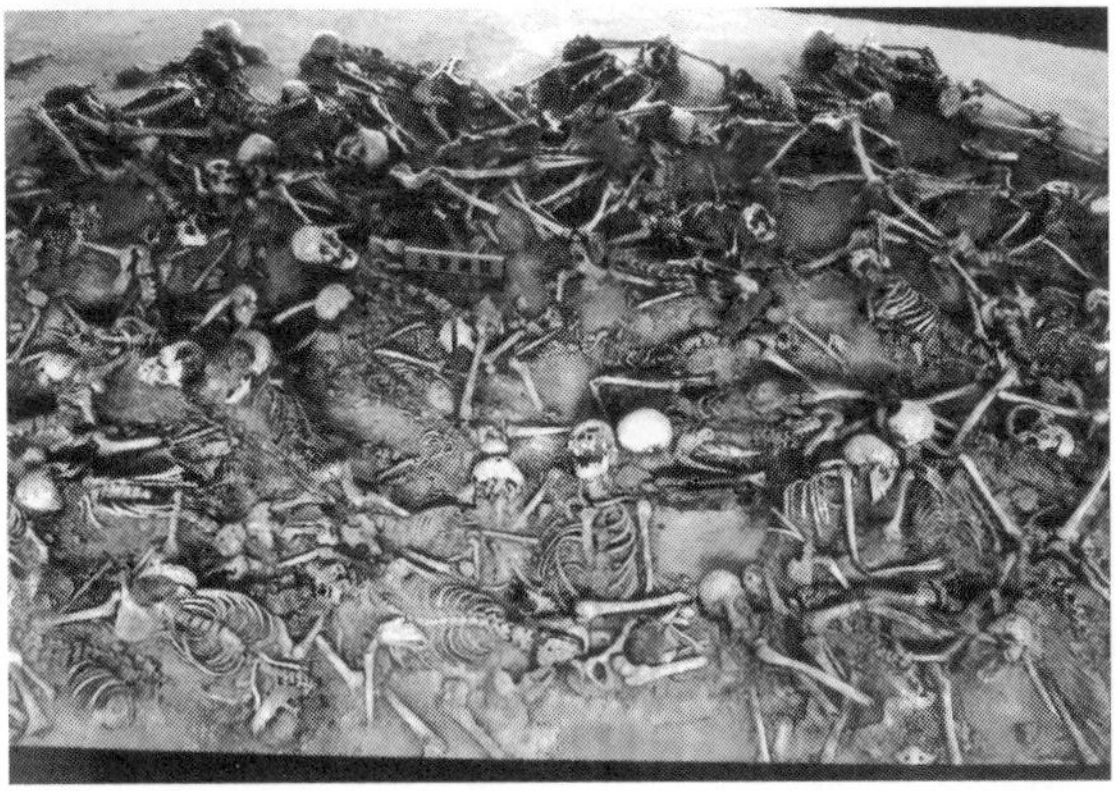

平頂山惨案記念館「遺骨館」　2010年9月22日撮影
(上) 2007年の改装で、虐殺現場がガラスの囲いで保護された。
(下) 集団虐殺された犠牲者の遺骨が累々と横たわる。

の訪中団が集まり記念写真を写す。この日の午後、受け継ぐ会訪中団は撫順戦犯管理所を訪問することにしているが、平頂山事件弁護団や平頂山事件の勝利をめざす実行委員会などは、煤都賓館《ばいとひんかん》（ホテル）で開催される第三回平頂山事件国際学術シンポジウムに参加する予定だ。

新世紀緑洲

平頂山事件七五周年犠牲者追悼集会を終え、受け継ぐ会訪中団は平頂山惨案記念館を出発し、昼食のため撫順市内の食堂に向かう。そのバスの中で、撫順市外事弁公室の金滌凡さんが撫順市の雑駁な話を聞かせてくれる。

撫順市は工業の町として発展し大きな町になり、人口は二四〇万人。今では大都会だと言ってよい。しかし、森林率は七〇パーセントあり、自然にも恵まれている。そして、人口八〇〇万人の瀋陽市とこの一一月に合併する。

撫順市人民政府が入っている市役所は二一階建ての高層建築で、一九九八年に竣工した。その九階に、金滌凡さんが勤務する外事弁公室がある。金さんが大学を卒業した二〇〇〇年当時には高層ビルは市役所くらいしかなかったが、その後のわずか七年で高層ビルがたくさん建てられた。市役所周辺にある空き地にもマンションがもうすぐ建設される予定だ。一方で、昔ながらの煉瓦造りの平屋の住居は少なくなっている。

撫順旧市街東部の永安台にあるマンションは一平方メートル当り三五〇〇元（約五万円、一坪だと約一七万円）くらい、旧市街南方の新しいところでは一平方メートル当り四〇〇〇元から五〇〇〇元（約六万円から七・五万円）くらいの価格だ。市内を流れる渾河《こんが》の周辺のマンションは人気が高い。マンション購入時の頭金は価格の三〇パーセントで、若者はローンを借りてマンションを購入する。

市内中心部を東西に流れる渾河で撫順市は南北に分かれる。渾河は母なる川で、東京の隅田川に似ている（金さんは日本に留学し東京に住んでいた）。冬は氷点下三〇度にもなり渾河は凍るので、スケートができる。

市内にある労働公園は二〇〇三年から入場が無料になり、公園外周の壁が取り除かれた。撫順には朝鮮料理店が多い。日本料理店は三軒ある。

こんな話を聞いているうちに、平頂山惨案記念館から二〇分ほどで目当ての食堂に着く。昨年できたばかりの新世紀緑洲という名の食堂で、蘇州の人が経営していて人気が高いとのことだ。

その新世紀緑洲、店全体がガラスで覆われ、熱帯植物園の巨大な温室という感じだ。二〇メートルくらいの高さがありそうな天井に覆われる店内にたくさんの木が植えられて「森」が作られ、水路や池も備えられている。その「森」の中や周辺に個室や大部屋などの客室があり、全部で二〇〇〇名の客を同時に受け入れることができるとのことだ。二〇〇〇人が同時に入れるという店の巨大さに圧倒される。「森」の中にあるプールにはオットセイが飼われている。エサの魚を一〇元で買うことができ、エサの魚を見せるとオットセイが寄ってきて、エサをくれるようにと催促する。愛嬌のあるかわいい顔をしている。

個室に入ると静かで落ち着いてゆっくりでき、私たちは一四人で丸い大きな食卓を囲み、おいしい中華料理を楽しむ。多種多様の料理を山のように並べ、そしてたくさん食べ残すという中国の食事の流儀はだんだんと改められ、適量の料理を注文あるいは調理し、あまり残さないようにするように変わってきているとのことだ。

撫順戦犯管理所・中帰連・受け継ぐ会

撫順訪問二日目の九月一六日の午後は、受け継ぐ会本部訪中団として撫順戦犯管理所を訪ねる予定にしている。そこで、撫順戦犯管理所と受け継ぐ会について理解してもらうため、受け継ぐ会の母体である中帰連と併せて、それぞれの概要をこの項であらかじめ説明しておきたい。

一九五〇年七月にソ連から中国に引き渡された日本人戦犯九六九名は、遼寧省撫順市の畑に囲まれる中にある、日本支配時代の監獄を近代的に改装した撫順戦犯管理所に収容される。撫順戦犯管理所は、日本の中国侵略や「満州国」支配に関わり、殺人・強姦・放火・略奪・搾取など残虐不当な罪を犯した日本人らを収監する監獄であったと考えてよい。しかし、収監された戦犯容疑者の罪を厳しく取り調べ、死刑や無期・有期の懲役など罪に応じた刑罰を科し罪を贖わせることを目的とする監獄ではなかった(注五)。

元日本軍兵士や「満州国」官僚などの戦犯は人道的な処遇の下で収監され、食料事情の厳しい時代に、戦犯管理所職員や一般の中国人民よりも良質の食事を十分に与えられ、病気になれば高価な薬剤も惜しみなく投与され手厚い治療や看護を受けた。威圧的な取調べや拷問を受けることはなく、強制的な労働を課されることもない。

中国侵略を進める中で中国人民や捕虜に対し自分たちがしてきたこと、虐待・拷問・殺人・強姦・放火・略奪……等々とは正反対の人道的な処遇に日本人戦犯たちはとまどう。そして、人権を尊重され、有り余る時間を与えられ、新聞や放送を通して日本敗戦後の世界の動きを知る中で、中国やアジア諸国に対する日本の侵略の不当性や犯罪性を認識し、自らが犯した罪の重さにも気づく。

しかし、自らの罪を認めることは本当に辛く苦しいことだ。自らの罪を認めれば死刑を免れない者がほとんどであり、正直に罪を認めれば死刑に処されると多くの日本人戦犯は考えた。そして悩みぬく。

そういう状況の下で人権を尊重され丁寧に扱われ、強制とは無縁の指導を三年四年と受ける中で、自らの罪行を心の底から反省し罪を認めることができる境地に戦犯たちは至る。そして、自らの罪行を自らの手で供述書として書き上げ、中国側に提出する。中国の指導者と管理所現場職員が一体になり実践した日本人戦犯に対する人道的な対応が、天皇が統治する「神国日本」のアジア中国支配は絶対的な正義で正しいと信じ疑うことを知らなかった日本人戦犯の心を開かせ、道理の分かる人間に変えたのだ。

戦犯に対する中国指導者の直接の狙いは、人道的な処遇と教育により、「鬼」に等しい個々の侵略犯罪者を、道理の分かる新しい人間に生まれ変わらせることだ。さらに、新しい中国を発足させたばかりの中国政府指導者の狙いを一段高い視点で見ると、寛大な戦犯処理と戦後処理を通して憎悪の連鎖を断ち切り、中日両国の友好を深めたいという思いを日本と世界に伝え、中国のゆるぎない地位を国際社会で確立することが狙いであったようだ。

しかし、撫順戦犯管理所で日本人戦犯の面倒を直接みる中国人職員たちは大変な葛藤をかかえることになる。中国人職員はそれぞれが妻や夫や親兄弟や知人や友人を日本人に殺され、故郷を破壊されている。その人たちが、加害者であり犯罪の実行者である日本人戦犯を人道的に扱い親身に面倒みるのは困難で苦しいことだ。日本人戦犯が収監されていることが分かると中国人民に殺害される恐れがあるため、日本人戦犯が収監されていることは極秘事項であり、管理所の職員は、日本人収容の事実を家族に話すこともできなかった。

そういう状況の中で中国人職員は毎日のように話し合いをしている。親兄弟を殺した日本人戦犯の面倒を親切丁寧にみることなどできないと訴える職員に、人道的に扱えという毛沢東や周恩来の指示や考えを納得させるのに、所長をはじめ管理所の指導者と管理者はたいへんな努力を重ねた。初代所長の孫《そん》明斎《めいさい》先生はこのことを後によく話した。二代目所長の金源《きんげん》先生もよくこの話をした。ともあれ、戦犯管理所の現場の職員や指導員は、複雑な思いや不満を持ったまま指示された職務に就く。

初代副所長の曲初《きょくしょ》先生によると、中国人職員が政府の方針を理解できるようになるのに三年くらいかかったそうだ。時を経るにつれ日本人戦犯の考え方が変わり、政府の方針の正しいことが分かることで中国人職員の考え方も変わっていく。そして、日本人戦犯に対する中国人職員の憎しみや対立感はどんどん薄れていった。

自らの行為を心から反省し罪を認めた日本人戦犯に対し一九五六年に中国が与えた処置は寛大であった。撫順戦犯管理所に収監された日本人戦犯九六九名、撫順と同様の処遇で山西省の太原戦犯管理所に収監された一四〇名、合計約一一〇〇名のうち四五名だけが起訴されることになり、その他の者は起訴免除・即時釈放とされた。そして、不起訴・即時釈放とされた千余名の戦犯は、六月・七月・八月の三回に分け日本に帰国する。起訴された四五名に対しても、死刑や無期懲役とされる者は一人もなく、全員が二〇年以下の有期刑とされた。その上、ソ連に抑留された五年間と撫順に収監された六年間は刑期に繰り入れられた。さらに、満期前に多数の者が釈放され、一九六四年には全員が釈放されることになる。

中国から帰った戦犯たちは一九五七年に中国帰還者連絡会(注三)（中帰連）を結成する。中帰連の基本精神は、「中国に対する侵略戦争に参加して幾多の罪業を犯した者が、人道的反省の上に立って侵略戦争に反対し、平和と日中友好に貢献する」というものだ。

中国などアジア各国に対する日本の侵略犯罪と自らの罪業や中国政府と人民の寛大さを心底理解した元戦犯たちは、軍国主義の復活を許さず日本が再び侵略の過ちを犯さぬよう、日本が侵略で何をしたのか、自らがどんな罪を犯したのかを語り続けた。そして、アジアや中国に対する日本の侵略の実態を覆い隠し、日本の行なった戦争は正当であったとごまかしたい右翼・軍国主義者・歴史改竄主義者の脅迫や恫喝に対し微塵もひるむことなく、真の日中友好と反戦平和のために半世紀にわたり活動を続ける。(注六)

こうして半世紀にわたり中帰連は活動を続けたが、会員の多くが八〇歳あるいは九〇歳を超え、団体としての活動を維持するのが困難になり、二〇〇二年四月二〇日に解散する。しかし、翌日の四月二一日に第一回総会を開催し立ち上げられた市民団体「撫順の奇蹟を受け継ぐ会」が中帰連の意志を受け継ぎ、中帰連の活動を継承している。受け継ぐ会には、多くの若者を含む一般市民が参集し、中帰連の会員も特別会員として参加している。

中帰連の半世紀におよぶ反戦平和と日中友好の活動は、中国の戦犯政策が正しかったことを証明し、中国政府と中国の人々は中帰連を高く評価している。かつて戦犯管理所で働いた中国人職員も自らの任務と成果を誇りに思い、かつての戦犯を反戦平和と中日友好を共に進める昔からの友人（老朋友）と位置づけ、日々の健康を願い再会を心待ちにしている。また、中帰連の後継団体となる撫順の奇蹟を受け継ぐ会にも、中国政府と中国の人々は真の仲間として活躍と交流を大いに期待し、友人（朋友）として歓迎している。（注二）

受け継ぐ会訪中団の撫順戦犯管理所訪問

九月一六日の午後に受け継ぐ会本部訪中団として撫順戦犯管理所を訪問するのは、撫順で合流した会員を含む一五名だが、残念なことに中帰連会員は一人も同行していない。中帰連会員は若い人でも八〇歳代であり、中国訪問となると高齢のため状況はなかなか厳しい。

しかし、中帰連の新井宗太郎さん（受け継ぐ会ができる少し前に亡くなった）の娘の新井ひろみさんが今回の本部訪中団に加わっている。新井ひろみさんは二〇年前に二年ほど大連に留学していて、戦犯管理所の中庭に中帰連が建立する謝罪碑の除幕式に出席するため、留学中の一九八八年にも戦犯管理所に来ている。戦犯管理所現所長の侯桂花《こうけいか》さんとは、侯さんがまだ一般職員だった一九八〇年代に親しく付き合っていたとのことだ。

新世紀緑洲で昼食を済ませたあと、受け継ぐ会訪中団は戦犯管理所にバスで移動する。そして、駐車場まで出てきて迎えてくれた侯所長や管理所関係者と訪中団のそれぞれが再会や初対面の挨拶をかわす。そのあと、侯桂花所長と懇談会を行なうため管理所内の会議室に入る。

懇談会では、まず最初に、撫順の奇蹟を受け継ぐ会本部訪中団団長の松山英司さんが次のように挨拶する。

中帰連の先輩たちが撫順戦犯管理所で人として再生させてもらったことを感謝する。戦犯管理所職員の人たちの心を込めた対応が戦犯の心を開かせたのであり、日本兵に家族を殺された職員の人たちが怨みを乗り越え日本人戦犯に接してくれたことに感謝している。中帰連の先輩たちも感謝している。

それぞれが行なったことが許されない犯罪であることを理解するのに時間はかかったが、人間の心を取り戻した戦犯たちは、中国のあの町この村で何をしてきたのかを死刑を覚悟して話した。その話に嘘はない。中国人民の許しを得て日本に帰った後は、中帰連を組織し日中友好のために活動を続けた。その反省と謝罪の精神を継承するため私たちは受け継ぐ会を作った。私たちは中帰連の活動を引き継ぎ活動していきたい。

今回の訪問で残念なことは、中帰連の人が訪中団にいないことだ。全員が高齢になってしまったためだが、早く生まれた人が後に生まれた人より先に年をとるのは仕方がない。しかし、高齢の中帰連の人たちは今年の夏も証言活動などで活躍している。四〇度を超える日が続くなど非常に暑い中での活動だ。あの元気があれば、また撫順に来ることができるだろう。

訪中団団長の松山さんはこのように話したあと、受け継ぐ会事務局長の熊谷伸一郎さんが結婚し、今回の訪中が熊谷夫妻の新婚旅行であることを紹介し挨拶を終える。

それを受け、戦犯管理所の侯桂花所長が歓迎の挨拶に立ち、「みなさん、こんにちは」と切り出したあと、次のように続ける。

受け継ぐ会の人たちが管理所に来てくれてとても嬉しい。熱烈に歓迎する。熊谷さん、結婚おめでとうございます。新井ひろみさんとは八〇年代に親しくお付き合いした。今日は、訪中団の皆さんを迎えた駐車場で新井さんに会ってびっくりした。

今回、中帰連の会員が来ていないのは残念だが、受け継ぐ会の会員が来てくれるのは中帰連の人が来てくれるのと同じように嬉しい。受け継ぐ会は中日友好に貢献し、中帰連記念館(注七)の建設にも尽力している。その活躍に敬意を表する。

このあと侯桂花所長は、撫順戦犯管理所の現状について次のように説明してくれる。

撫順戦犯管理所の改修・復元計画を二〇〇四年頃から中央政府が注目していて、全国に一〇〇カ所くらいある愛国教育基地の一つに撫順戦犯管理所は指定されている。管理所を復元することは中央政府の指示であり、当面実現可能な企画を今は進めている。

パン焼き釜のある部屋、クラブ(舞台を備える集会場)、三所(収監室がある建物のうち三棟目)は既に復元を完了した。将官クラスを収容した五所と六所は改装中で、本年末には完成する。現在は現役の刑務所になっている部分の復元は遅れるが、来年の春には完了させたい。庭や地下の排水パイプも復元する。また、来年には新たに陳列館(資料館)を完成させる予定だ。その陳列館に、日本で集めた資料を展示するなど企画を進めている。このように今はいろいろやっているところだ。

　復元が完成したら、愛国教育基地としての役割を立派に果たすことができるだろう。しかし、中央政府によると、五〇年代の管理所を復元することは第一歩であり、将来の夢としてさらに大きな企画も構想されている。

　ともあれ、管理所の改修・復元作業は順調に進んでいるので、日本に帰ったら今の状況を伝えてください。中帰連の方々は高齢になるので、早い時期に完成記念式典をやりたい。そのため、一日でも早く新しい陳列館を完成させるよう努力する。受け継ぐ会も中帰連も現状を理解してください。


　最後に侯所長は、「受け継ぐ会の人はいつでも何度でも管理所に来てください。そして、お互いに頑張って中日友好に貢献しよう」と話し一旦区切りをつける。その後、訪中団側からの質問に答え、侯所長の次のような話が続く。


　管理所に見学に来る人は年間一〇万人くらいで、歴史学者も農民もあらゆる人が訪ねてくる。外国人の来訪者では日本人が一番多く、他に韓国やアメリカなどいろんな国の人がやってくる。日本の右翼が来ているかどうか分からないが、彼らの思想改造のきっかけになるかもしれないので、右翼が来るのはよいことだ。

　見学する人からは、人権や人道に関する話がよく聞こえてくる。その中に、管理所で行なった人道的な処遇に感動しているという人もいる一方で、平頂山事件など酷い事例が山ほどあるのにどうして死刑にし

撫順戦犯管理所での懇談会
左から、侯桂花所長・崔仁傑さん・温久達さん

ないで日本人戦犯を釈放したのかと話し、人道的な対応を理解できない人も多い。そういうたくさんの人と侯所長は話し、管理所の行なったことが正しかったかどうか議論する。管理所を訪ねたあと、日本に帰ってから受け継ぐ会に入会する日本人もいる。

マスコミ関係の来訪も多い。日本のNHKも取材に来た。ある日本人記者は、刑務所は世界中どこにでもあるが、人道的待遇を貫いたのは撫順が唯一の事例だと話していた。

管理所のことを知っている人はどんどん増えている。しかし、管理所のことをもっと宣伝しないといけない。休館日はないので、いつでも見学できる。中学生や小学生や老人は無料で入場できる。とにかく、宣伝することが大切だ。アメリカのブッシュ大統領とか日本の安倍首相が来ても宣伝になる。

こんなやりとりをしている管理所の会議室には、スイカやブドウやバナナなどの果物がたくさん並べられていて、それらを食べながら懇談を続ける。

訪中団の到着から一時間ほど経ったころ、日本人戦犯を収監していた当時の職員だった崔仁傑《さいじんけつ》さんと温久達《おんきゅうたつ》さんが管理所に着き、懇談会に合流する。現在八二歳の崔さんは、管理教育課の職員として日本人戦犯の教育を直接担当した人で、よどみのない完璧な日本語を話す。温さんは、戦犯たちの病気治療や健康管理に医師としてたずさわった人で、たくさんの戦犯が温さんら医師団による高度の医療で支えられた。崔さんによると、医師の温久達さんはかなりの好青年だったとのことだ。その温さんはこの日は息子さんに付き添われて管理所にやって来た。

崔さんと温さんが合流したので、受け継ぐ会訪中団から、講演会での活躍など中帰連の人たちそれぞれの最近の状況を、個人の名前を挙げてあれこれ伝える。これらの中帰連会員の現状を全体として見ると、講演会などに出席し話をできる人は二〇名くらい、自宅などに訪ねて行けば会って話を聞くことができる人は数十名くらいいる。しかし、戦犯管理所復元工事の竣工を祝うため訪中を呼びかけるとしても、実際に訪中できるのは数名くらいではないかというような状況が伝えられる。

崔仁傑さんと新井ひろみさんは旧知の間柄で、ひろみさんの父の新井宗太郎さんは行動力に溢れた人だったと崔さんは回想する。

受け継ぐ会・九州支部が作った絵本『赦しの花』(注八)も話題になる。侯所長は『赦しの花』を高く評価していて、中国語に翻訳し出版したいと考えている。この絵本に描かれている撫順のアサガオは撫順戦犯管理所で今も毎年花を咲かせている。

撫順戦犯管理所・所内見学

崔さんと温さんが合流してから更に一時間ほど懇談を続けたあと、崔さんと温さんと侯所長らに案内してもらい、復元作業が進みつつある管理所を見学する。その中で、収監時の日本人戦犯の写真などたくさんの展示資料を見ながら説明を受けるが、崔さんの記憶力には驚かされる。日本人戦犯の名前と当

撫順戦犯管理所の展示室にて
崔仁傑さん（左）の話を聞く。右手前は熊谷伸一郎さん。

時の行動や考え方をこと細かに話してくれるのだ。また、完全な日本語を流暢に話すので、日本人としては分かりやすくて有難い。ここで、主に崔さんから聞いた話の一部を順不同で記しておこう。

抗日戦争中に中国の町や村で見かける日本兵はせいぜい下士官くらいまでだ。その当時は姿を見せることもなかった佐官や将官の地位にあった者は相当な権力者であり、そのような日本人戦犯を管理所に収監していることは極秘事項で、家族にも話せなかった。そして、彼らを教育する任務の重大さをひしひしと感じた。

日本人戦犯に餅を食べさせるため、餅つき用の石臼を崔さん自ら朝鮮族の人から借りてきた。

古海忠之さん（「満州国」国務院総務庁次長）が認罪（犯した罪を認めることを中帰連の人たちは認罪と言う）したことが、日本人戦犯の考えを変えるのに役立った。日本人戦犯は若い人が多く、過ちを一旦認めるとあとはいさぎよいので、職員には評判が良かった。一方、中国人戦犯は言うことを二転三転させ考え方が定まらなかった。

一九五六年に、日本人戦犯を三組に分け中国国内をそれぞれ旅行させ、復興する中国の実情を学ばせた。寝台列車を利用し一カ月近くも各地を巡る旅で、南京も訪ねさせた。

日本人戦犯に対しどういう刑を科すのか管理所で案をまとめ中央政府に提出すると、処罰する人数が多すぎるとか刑が重すぎるという答が返ってきた。処罰案を何度も出し直すうちに、寛大に処置すべきだという中央政府の意向が変わることはないことが明らかになる。戦犯たちは良心を取り戻し生まれ変わったのだから信頼できるというのが中央政府の考えだ。

起訴するのは四五名だけで、それ以外の千余名を起訴猶予とすることは、撫順市内の学校を借りて、そこで戦犯たちに言い渡した。起訴した四五名は瀋陽特別軍事法廷で審理し判決を言い渡した。

起訴猶予・即時釈放とされた人たちの間に、日本に帰れば何とかなるという雰囲気が広がる中で、反戦平和活動への覚悟をしっかり決めておかないといけない、浮ついた考えでは駄目だと小山一郎さんは考えた。小山さんや生活部長を務めた大河原孝一さんなど戦犯管理所で活躍した人は、日本に帰ってからも活躍している。

展示室の写真などを見ながら、このような話を崔さんはいろいろ聞かせてくれた。

そのあと、管理所の建物や施設や庭を歩いて見て回る。一部の建物は復元作業が進んでいて、塗られて間もないペンキの色が鮮やかだ。独房棟は復元が完了していて、その廊下は、天井と収監室の壁の上部が白色、壁の下部が濃い緑色、扉と窓枠が薄い黄緑色に塗られている。医療棟には、外科室・内科診療室・処置室・レントゲン室・看護婦(士)休憩室などが並んでいる。

ホールも修復され、「撫順戦犯管理所特赦戦犯大会」と書かれた赤い横断幕を舞台正面に掲げ、特赦戦犯大会が開催された時の状況を再現している。横に四列、縦に一〇列ほど並ぶ四人掛けくらいの長椅子は水色に塗られている。日本人戦犯がホールで映画を観るとき、一度に全員が入ることはできないので、三組に分けて順番に鑑賞した。

管理所建屋内の廊下には、撫順戦犯管理所に収監された元戦犯の島亜壇さん（注九）が制作し寄贈した版画『三光』の一連の作品が、島さんの紹介パネルと共に展示されている。また、中帰連の熊谷清さんが描いた絵画も何点も展示されている。

国友俊太郎さんが設計し、日本人戦犯が自ら製作した屋外の舞台も復元工事が完了している。両脇の立派な柱と屋根を備える白い舞台はデザインがずいぶんと洒落ていて、庭の緑との調和がきれいだ。

管理所正面入口から構内に向かうとき左方の手前側に見える広場と池の周囲にアサガオの柵がある。もう午後五時に近いのでアサガオの花は閉じているが、翌朝にはたくさんの花を咲かせることだろう。『赦しの花』を読んで感動したという侯所長がアサガオの種を採って手渡してくれる。

中帰連が建立した謝罪碑の前にある建物が中帰連活動陳列館として整備され、中帰連を紹介する写真や資料が展示されている。その中に、受け継ぐ会関西支部訪中団から参加している陰地広栄さんのお連れ合いで中帰連会員の陰地茂一さん（注一〇）（故人）が謝罪碑に花を供へ手を合わせている写真も展示されている。また、日中友好条約締結を祝い新井宗太郎さんの自宅に中帰連会員が集まっている写真も展示されている。さぞなつかいしであろう展示写真の前に新井ひろみさんに立ってもらい、記念写真を何枚か写す。

その後、正面に「向抗日殉難烈士謝罪碑」と刻まれている謝罪碑の前に全員が集まり記念写真を写す。この謝罪碑の裏面には、中帰連の誓いの言葉が次のように刻まれている。

「私たちは十五年に及ぶ日本軍国主義の対中国侵略戦争に参加、焼く・殺す・奪う淫天の罪行を犯し、敗戦后撫順と太原の戦犯管理所に拘禁されました。そこで中国共産党と政府・人民の『罪を憎んで人を憎まず』という革命的人道主義の処遇を受け、始めて人間の良心を取戻し、計らずも寛大政策により、一名の処刑者もなく帰国を許されました

いま撫順戦犯管理所の復元に当り、此の地に碑を建て、抗日殉難烈士に限りない謝罪の誠を奉げ、再び侵略戦争を許さぬ、平和と日中友好の誓いを刻みました。

一九八八年十月二十日　中国帰還者連絡会」

結局、約二時間の管理所見学に、高齢の崔さんと温さんは最後まで付き合ってくれた。最後の挨拶で訪中団団長の松山さんが、崔さんと温さんを疲れさせて申し訳ないと高齢の二人を気づかう気持ちを最初に伝える。続けて松山さんは、きれいに新しく整備されつつある管理所を見ることができてよかった、受け継ぐ会の管理所訪問は中帰連の訪問と同じだと侯所長が言ってくれて嬉しかったと訪問の御礼を続けた。

そして午後五時半ころに管理所を後にする。渾河のすぐ南側にある友誼賓館までは管理所から一本道で一〇分くらいの距離だ。

撫順戦犯管理所と受け継ぐ会の夕食懇親会

撫順訪問二日目の九月一六日の夜は、撫順戦犯管理所元職員の崔仁傑さんと所長の侯桂花さんら現職

員の人たちを友誼賓館に招待し、夕食を兼ねて懇親会を行なう。受け継ぐ会は、現地集合組を含む本部訪中団に加え、この日に撫順に入った受け継ぐ会関西支部訪中団の約一〇名も合流している。関西支部訪中団には、中帰連会員の陰地茂一(注一〇)さん(故人)のお連れ合いの陰地広栄さんとお孫さん、同じく中帰連会員の藤原恒男さん(故人)のお連れ合いの藤原時子さんも参加している。中帰連会員が一人も参加していないことは残念だが、会員のお連れ合いや親族の参加を得て、おいしい食事と酒を楽しみながら、なつかしい話や楽しい話で和気あいあいと過ごす。

いろいろあった話の中で、崔さんから聞いた話の一部を記しておこう。

朝鮮族の崔さんは吉林省の生まれで、六歳くらいのとき撫順に移り住んだ。撫順にも朝鮮族の人が大勢いて、まとまって住み水田で米を作った。撫順戦犯管理所で崔さんは管理教育科に所属し、収監された日本人戦犯を直接指導した。その結果、撫順の戦犯で罪を認めない者は一人もいなかった。太原戦犯管理所でも撫順と同様に日本人戦犯に対し指導がなされたが、太原組の中に崔さんをにらむ者が一人だけいて、不満を持っていることが分かった。

崔さんはこんな話をしてくれた。

撫順戦犯管理所体験宿泊

友誼賓館での懇親会を終えたあと、撫順戦犯管理所への宿泊を希望する受け継ぐ会本部訪中団と関西支部訪中団の十数名がバスで管理所に移動する。

　この日、宿泊者に用意されたのは、日本人戦犯や「満州国」皇帝・溥儀ら中国人戦犯がかつて何年も収監されていた監房棟で、女性用に一部屋と男性用に一部屋が割り当てられている。部屋の広さは幅六メートル・奥行き七メートルくらいで、出入口の扉に続く通路が部屋の中央にあり、その両側に五〇センチくらいの高さの床が据えられ、そこが寝たり起きて学習したりする生活の場になる。この部屋にそれぞれ一六名から一七名の戦犯が収監されていた。そういう部屋に、水色と白色の二色の明るい色調の布団と洗面用具などが準備され、行き届いた配慮で体験宿泊者を迎えてくれる。この日は一部屋に一〇名ほどが宿泊するが、ここに一六名から一七名が入るとちょっと窮屈だっただろうと思う。

　監房に宿泊者が集まり、撫順や中帰連についてそれぞれが想いを話す。それぞれが熱い想いや期待を持ち撫順に来ているので、話したいことは山ほどあるのだろう。いつ果てるとも知れず話が続く。窓には当時のままに鉄格子が張られ、一方で、厳寒の冬に戦犯たちを暖かく過ごさせた暖房機がそのまま残されている。宿泊者が集う部屋（監房）の隣は、「満州国」皇帝・溥儀が収監されていた監房だ。

　撫順戦犯管理所で迎える九月一七日の朝、私は五時半に起床し管

撫順戦犯管理所の監房にて
監房で一夜を過ごす体験宿泊者が想いを語り合う。

理所内を散歩する。まず、宿泊している監房棟の裏に回ると、管理所に隣接する現役の刑務所との境になる高くて長い壁がある。その壁の向こう側は現役の刑務所だ。現役の刑務所の監視塔にはいつも監視員がいて、刑務所の収監者に対し目を光らせている。

その高くて長い壁の前にある広い裏庭の端に、高さ二〇メートルくらいはありそうなボイラー用の巨大な煙突がある。日本の監獄だった時代には暖房設備は無かったが、日本人戦犯を収監するため一九五〇年に新たに設置されたものだ。シベリアで厳しい寒さにさらされた戦犯たちは、物心両面にわたる管理所の暖かい処遇にとまどい、そして中国の熱い心をひしひしと感じたことだろう。

撫順戦犯管理所の裏庭
ボイラーの巨大な煙突やバスケットボールのゴールがある。背後にある背の高い建物は現役の刑務所。

ボイラーの巨大な煙突がある裏庭にはバスケットボールのコートがある。相対する二つのゴールは、当時の資料を基に復元されたものだろう。コート整備用のローラーも置いてある。そして裏庭には一面にアサガオが咲いている。とは言うものの、樹木や柵の類は無いので、アサガオは地面を横にはい地表を覆いつくしている。そして、それこそ無数と言えるくらいたくさんの紫色の花を咲かせている。日本のアサガオより小ぶりの花で、このアサガオを中帰連や受け継ぐ会の人たちは撫順のアサガオと呼んでいる。

一方、管理所正面入口近くの広場にはアサガオの柵がずっと続き、ここでも撫順のアサガオがたくさんの花を咲かせている。これだけ咲きそろうアサガオを管理所で見ることができるのは嬉しいことだ。
中帰連の謝罪碑は正面から朝日が当たり、なにか晴ればれしているように見える。さらに医療棟や中帰連活動陳列館……、いろいろ見て回る。そして管理所を出発し、ホテルの友誼賓館に戻る。

「撫順フィールドワーク」炭鉱所長社宅と炭鉱倶楽部

撫順訪問三日目の九月一七日は、撫順イベント実行委員会が中心になり、平頂山事件に関わる現場を中心に撫順とその周辺を訪ねる「撫順フィールドワーク（現場確認）」が実施される。参加者は、撫順イベント実行委員会訪中団・日中友好協会訪中団・受け継ぐ会訪中団などで七〇名ほどになる。案内役は、撫順市社会科学院院長で撫順市地方史学会理事長の傅波《フーボー》教授と平頂山事件訴訟弁護団の川上弁護士が務めてくれる。そして、参加者が八時過ぎに友誼賓館に集合し、二台の大型バスに分乗し現場確認に出発する。

今回の現場確認では、「満州国」時代に撫順の中心街であった永安台地区に現存する、撫順炭鉱所長の社宅として使用された建物を最初に確認する。当時の炭鉱所長社宅は、永安台中央広場の北東側にある塀に囲まれた三〇〇〇坪の敷地に、延べ建坪一二〇坪（約四〇〇平方メートル）の二階建ての邸宅を構え、一万人の満鉄社員と家族が住む永安台地区の満鉄社員社宅の中でもひときわ豪勢な造りの施設だった。

撫順炭鉱の繁栄を導いた最高功績者の一人といわれる久《く》保《ぼ》孚《とおる》は、平頂山事件が引き起こされた時は撫順炭鉱次長の職にあり、平頂山事件から三カ月後の一九三二年一二月に所長に就任している。撫順の

元・撫順炭鉱所長社宅　2009年9月28日撮影
現在は撫順市公安局交通支所の事務所。

オートバイ所有者第一号である久保は、横浜から持ち込んだ愛車ハーレーダビッドソンの車庫を炭鉱所長社宅内に作り、その脇に高い竿を立て大きな鯉のぼりを泳がせていたと言われている（注一二）。

かつての炭鉱所長社宅は、現在は撫順市公安局交通支所として利用されていて、この日も交通支所の業務が行なわれている建物内に一般見学者が入ることはできない。建物を正面から見ると、炭鉱所長社宅当時のままと思われる二階建て部分は赤茶色の重厚なレンガ造りで、馬蹄形状の大きな窓を三つ備えている。その両側の、後に増改築された白い壁と赤い屋根の部分は作りがかなり貧弱で、元々の赤茶色のレンガ造りの部分とはちょっと不釣合いな感じだ。文句を言うのも変だが、もう少しなんとかならないものかと思う。

炭鉱所長社宅から三分ほど歩くと、かつての撫順炭鉱倶楽部に着く。この建物は、当時の近代建築の粋を凝らし一九〇八年に竣工した二階建てで、一九二〇年代に永安台のこの地に移築されたものだ。撫順炭鉱倶楽部は、当時の撫順で格式が一番高いホテルで、要人の多くはここを利用し、撫順随一の社交場とされた。「満州国」皇帝・溥儀がベランダで写した写真も残されている。マンホールの蓋にも、満鉄の社章が入ったものが使用されている。

かつての撫順炭鉱倶楽部は、現在はホテル・煤都《ばいと》賓館《ひんかん》として利用されている。大都会にある最近のけばけばしい近代ホテルとは違い、しっとりした感じの落ち着いたホテルであり、建物の造りは異なるが、庭の植え込みと併せ、日本の古い旅館を想わせるような雰囲気がある。玄関ホールの天井にある豪華なシャンデリアは当時のままのものだ。大会議室（宴会場）の様子も、古い写真で見たことがあるような懐古調の重厚な雰囲気で、濃緑の布が掛けられた机と、白いカバーですっぽり覆われる椅子も、当時のままの感じだ。現役時代の「満州国」皇帝・溥儀が臨席する会議や宴席でも、この部屋なら違和感無く開催できそうに感じる。たくさんの樹木が生い茂る庭のたたずまいは、かつての庭の様子とは異なるのだろうか。その庭の北側に永安街が広がるが、旧日本人街の面影は永安街からどんどん失なわれているのだろう。

本多了さんが暮らした撫順

撫順炭鉱倶楽部の確認を終え、バスに乗り、かつて撫順神社があった森の前を通り、旧・東七条小学校に移動する。「満州国」時代の撫順に三校あった日本人小学校のうちの一校で、今回の訪中団員の一人・本多了《ほんだりょう》さん（「千葉新松戸九条の会」世話人）が一〇歳の時まで通っていた小学校だ。かつての東七条小学校は現在は撫順市五十中学校になっていて、訪中団が訪れた時も授業が行なわれているが、この日の案内を引き受けてくれている傅波教授の手配で教室や職員室にも入れてもらうことができた。

三階建ての校舎と広い運動場を備える五十中学校の様子は、本多さんが小学生だった当時の東七条小学校とはずいぶんと様子も違うのだろうが、本多さんは窓の外から教室を覗き込んだり、校舎内に入りあちこち見て回ったりしている。そのあと運動場に数十名の生徒が集まり、本多さんを中心にして記念

本多了さんと五十中学校の生徒たち
前列中央が本多さん。本多さんの左後ろ（中腰）が傳波教授。

写真を写す。この時の本多さんはニコニコしていて本当に嬉しそうだ。生徒たちは、袖の部分だけは白い水色か赤色の半袖シャツを着ている。そして、全員が同じように赤いネッカチーフを襟に巻いている。前日の平頂山事件七五周年犠牲者追悼集会で学生代表として挨拶した少女も赤いネッカチーフを襟に巻いていた。何かしら意味のある赤いネッカチーフなのかもしれない。

旧東七条小学校の確認を終え、またバスに乗り、撫順高等女学校の三階建ての茶色の建物を左方に見ながら東七条通りを通過する。そして中央大街を越え、西七条通りにある警察署に到着する。警察署の建物は、本多さんが暮らしていた当時のままだ。ここでバスを降り、本多了さんがかつて住んでいた家まで歩くとのことだ。

まず、警察署前から西七条通りを東に進み、中央大街との交差点で左に曲がり、中央大街を北に進む。このまま中央大街をまっすぐ行くと撫順駅があり、その途中にある東四条と東五条の辺りがかつては商店街で賑わっていた。その手前の六条通りの交差点で左に曲がり西六条通りを西に進む。そして西一番を通過し、次の西二番の南東角に、本多了さんが一〇歳の時まで住んでいた三階建ての建物がある。

この三階建ての建物に、本多さんの家族を含め七家族が当時は住んでいた。今回は建物の中には入れないが、家の前の道路の幅や石畳の様子は昔のままとのことだ。その前で本多さんが当時の出来事を次のように話してくれる。

「満州国」時代の本多さんは日本語で不自由なく暮らしていて、日本語の分からない中国人が苦労するような社会だった。しかし、一九四五年八月一五日の日本敗戦で状況は一変する。ソ連兵が町に入ってきて、八月二八日くらいからソ連兵による略奪が始まる。そこに中国人も加わり略奪を行なった。そのような情況に対し、本多さんの家族らは住居にバリケードを築き警戒していたが、八月二九日に暴徒に襲われる。本多さんは三階に逃げたが、階下でパンと音がして父が撃たれ、一階に降りていくと血の海になっている。その後、父の遺体を玄関に残したまま警察署へ逃げた。しかし警察署では、そこにいた警察官から、「武装解除したのであなた方を守ることはできない。勝手に逃げてくれ」と言われた。結局、本多さんが日本に帰るのは一九四六年六月のことになる。

本多さんがかつて住んでいた建物がある西六条二番で本多さんの話を聞いたあと、そこから南に向かって歩き、西十条の消防署で右（西）に曲がり、中学校や公学校を左手（南側）に見ながら西に進む。そして、西十条通りの南側にある憲兵隊跡に到着する。

憲兵隊の建物は今はもう残っていないが、当時は、憲兵隊建物の西側を南北に延びる道路を境とし、その東側に日本人、西側に中国人が住んでいた。本多さんは、西側の「歓楽街」は危険だから行ってはいけないと言われていたが、こずかいを持ってそっと遊びに行き、駄菓子屋でお菓子を買ったり、ちょっとしたおもちゃを買ったりしていた。東側の店は整然としていて、子どもには入りづらかったと

元・撫順炭鉱事務所の建物
ここで、平頂山住民虐殺の謀議が行なわれた。

のことだ。

満鉄病院・炭鉱事務所・独立守備隊兵舎

憲兵隊跡で、あらかじめ待機していたバスに乗り、ほんの五分ほどで旧・満鉄病院に到着する。現在は、撫順鉱務局総医院という名称の大きな病院になっていて、広い敷地の中に十数階建ての白い大きな病院棟も建っている。

さっそく、撫順鉱務局総医院の病院棟の九階に上がり、病院の西側に道路を隔てて隣接しているかつての炭鉱事務所を見下ろす。三階建ての中央棟を中心とし、二階建ての棟がローマ文字のX字型に四方に広がる特徴的な構造を持つ炭鉱事務所の建物は、「満州国」時代の姿をそのまま留めている。

平頂山事件当日の朝、平頂山住民の虐殺について、憲兵隊本部での協議に続けこの炭鉱事務所で謀議が行なわれた。この謀議で、平頂山には商人と炭鉱労働者が住んでいて近隣の住民の動揺が怖いとして撫順炭鉱次長の久保孚は反対したが、平頂山西側の崖下で村民を銃殺し平頂山の集落を焼き払うことが独立守備隊の意向で決定された。そのような謀議が行なわれた炭鉱事務所は、現在は、撫鉱集団という企業の事務所として利用されている。

病院は観光施設ではないが、病院棟より高い建物は周囲にほとんど無いので眺望がとても良く、撫順の街をずっと見渡すことができる。撫順に何度も訪ねて来ている平頂山事件訴訟弁護団の川上弁護士も、病院のこの高い建物から撫順の街や炭鉱を眺めるのは初めてとのことだ。

さて、「満州国」時代の撫順には関東軍独立守備隊第二大隊第二中隊（撫順守備隊）が配備され、隊長の川上精一大尉の指揮の下に井上清一中尉ら二五〇名ほどが駐屯していた。その部隊が使用していた兵舎を確認するため旧満鉄病院からバスに乗り、五分ほどで現場に到着する。これまでは、民家やビルの建ち並ぶ市街地をずっと巡ってきたが、ここは周囲に畑と草原が広がり、かつて兵舎として利用された平屋の瓦屋根の長屋一棟だけがぽつんと建っている。当時は、長屋のような平屋の兵舎三棟が平行して建っていたが、中央の一棟だけが現在も残っているということだ。

元・独立守備隊兵舎の建物

三棟あった兵舎のうち、中央の一棟だけが残っている。

独立守備隊兵舎として使用されたこの長屋に現在は一般住民が住んでいる。その中に犬を飼っている家があり、人が近づくとワンワンと吠えて警戒する。行政側は、ここから住民を立ち退かせ古い長屋を取り壊したいと考えているが、住民と意見が合わずにいるとのことだ。一方、平頂山訴訟弁護団は、歴史上の重要な建物なので残すべきだと考え、関係機関に建物の保存を提案している。

独立守備隊兵舎の確認で午前中の予定を終え、昼食のため好媽餃《こうぼぎょう》子王《ざおう》（食堂）に向かう。

撫順炭鉱

九月一七日の午後は、撫順市街から郊外に出て現場確認を続ける予定だ。午後一時半に好媽餃子王（食堂）を出発し、撫順炭鉱西露天掘り鉱の東側の端に二〇分くらいで到着する。そこから見下ろすと、東西方向に六・六キロ、南北方向に二・二キロ、深さ三〇〇メートルの西露天掘り坑の巨大な穴が眼下に広がる。あまりに巨大な穴で、穴の西方は霧にかすんで見えない。この露天掘り鉱の穴の周囲に、石炭を運び出すための鉄道線路が螺旋状に敷設されている。

しかし、平頂山事件当時は露天掘りはこんなに進んではおらず、露天掘り鉱の小さい穴が別々に三カ所あり、その真ん中を一本の川が南北に流れていた。その三カ所の露天掘り鉱の穴が今のように一つにつながるのは一九三八年以降のことだ。

ここで傅波教授が、撫順炭鉱の歴史と、平頂山事件の発端となる中国抗日軍の撫順炭鉱襲撃事件のてんまつを次のように説明してくれる。

撫順炭鉱の採炭は一九〇一年に中国人の経営で始められたが、一九〇五年に日本が炭鉱の権利を獲得し支配するようになる。採炭作業には大量の労働力が必要であり、日本は、だましたり強制的に連行するなどでたくさんの中国人を炭鉱に集め働かせた。その結果、一九二〇年代には四万人、一九四五年の日本敗戦時には一〇万人が労工として働かされていた。そして、劣悪な労働環境による飢えや過労や病気と、安全無視の危険な作業による事故で多数の中国人労工が死亡する。犠牲者の遺体は炭鉱周辺に捨てられ、多数の万人坑（人捨て場）が形成された。

解放後に、当時の事情を知っている人の証言を基に現場を掘ってみると、証言通り大量の遺骨が出てくるというようなことで、数多くの万人坑の存在が確認されている。しかし、その後も炭鉱の開発が進み、撫順の市街地が拡がるにつれ万人坑が破壊されるということが起きている。(注一二)

さて、平頂山事件前日の一九三二年九月一五日、通常であれば日本軍守備隊は二〇〇名くらいが炭鉱周辺に駐屯しているが、この日は多数が瀋陽方面に出撃していたので、近くには五〇名程しかいなかった。

その日の夜、中国抗日軍は平頂山を経由して撫順炭鉱に向かい、炭鉱を襲撃する。そして、炭鉱から燃え上がる炎で襲撃事件に気づいた日本軍守備隊が遅れて駆けつけ、中国抗日軍との間で戦闘になる。当時の中国抗日軍の武器は刀剣が主体で、鉄砲は少量しか持っていなかった。これに対し日本軍の武器は相対的に強力で、中国抗日軍は五〇名くらいが殺害された。

一方、日本人は五名が死亡する。その内の一人が楊柏堡《ようはくほ》採炭所の渡辺寛一所長だ。渡辺所長は二〇カ所もの傷を受け、日本軍の銃弾も当たっていたようだ。九月一四日か一五日に中国抗日軍の攻撃があるという情報を事前に入手し、対応を準備していたはずだったのに大きな被害を出してしまい、日本軍守備隊の面子はつぶれた。

その翌朝、この炭鉱の脇を通り日本軍守備隊は平頂山へ向かい、平頂山事件を引き起こした。

平頂山鎮

露天掘りの撫順炭鉱を見下ろしながら傅波教授から説明を聞いたあと、平頂山惨案記念館・遺骨館の裏手（東側）の位置になるかつての平頂山鎮の跡に向かう。その平頂山鎮跡は現在は広大な工場の敷地内にあり、工場関係者以外は普段は入ることができない。しかし、この日は傅波教授の手配で工場敷地内に入り、平頂山鎮跡に行くことができた。撫順炭鉱からはバスで二分か三分の距離だ。

バスが停車した辺りは、南方から延びる鉄道の引込み線の終点になるところで、引込み線は最後は四本に分かれ、その先に建っている汽車庫に引き込まれる。その引込み線や汽車庫の東側にある工場建屋の赤煉瓦壁の前で、平頂山鎮が誕生する経緯と平頂山住民虐殺事件について傅波教授が次のように説明してくれる。

平頂山鎮の辺りはもともとは山地であったが、地質が砂地であり、撫順炭鉱で採炭後の坑内を埋め戻すため、一九一七年から一九二四年ころにこの地の砂が採取され撫順炭鉱に運ばれた。そのため、当時、この辺りは楊柏堡《ようはくほ》採砂場と呼ばれていた。こうして砂が採取され楊柏堡山が平らになったので、この地域が「平頂山」と呼ばれるようになる。

一方、一九一九年から始まる撫順炭鉱の大露天掘り計画により、現在の撫順市街地の西方に位置する千《せん》金寨《きんさい》地区は露天掘りの対象地域とされる。そのため、千金寨地区から住居の移転が始まり、永安台などの新市街地が形成された。そういう状況の中で、平頂山地区への住民の移動も一九二六年ころから始まる。そして一九三二年には、集落を南北に貫く道路の両側に商店がずらりと並び、四〇〇家族・三〇〇〇人が住む新興工業地域として平頂山鎮が形成されていた。

現在の鉄道引込み線の終点辺りが平頂山鎮の中心地だったところで、平頂山事件訴訟原告の楊宝山《ようほうざん》さんの家は、中心地から三〇メートルくらい北にあった。同じく原告の方素栄《ほうそえい》さんの家は、さらに一〇〇メートルくらい北の、通りに面したところにあり、祖父が雑貨屋を、父は時計の修理屋を営んでいた。また、平頂山事件生存者の楊玉芬《ようぎょくふん》さんの家は、中心地から少し南の方にあった。

さて、平頂山事件の当日、日本軍守備隊は、一台に一七人くらい乗れる軍用トラックに乗って平頂山鎮にやってきた。その軍用トラックは山口タクシーが所有する車両で、車体に山口タクシーと記されていたことが、傅波教授の研究で明らかにされている。当時の写真も残っている。

平頂山鎮の中心地だった辺り
この辺りの地中に平頂山鎮の住居跡が残っているはずだ。

平頂山鎮を包囲した日本兵は、平頂山の北に位置する栗子溝《りつしこう》と平頂山の間にある独身寮の鉄の柵より平頂山側にいる住民を全て家から追い出し、南の方に連れて行く。そして、平頂山鎮の西側に壁でさえぎるように連なる山の崖の前にある広場に村人を集めた。砂を掘った跡で、少し窪んでいるところだ。その北側の山の前に牛乳屋があり、近くに鉄の柵が設置されていて、村人が北の方に逃げることはできない。南の方も、警備の日本兵に行く手を遮られた。

そして、崖の前に集めた三〇〇〇名の住民に対し、機銃掃射による集団虐殺が実行された。日本軍守備隊の目的は平頂山住民を一人残らず殺すことであり、機銃掃射のあと銃剣による死亡確認が入念に行なわれる。その翌日、事件現場に残された遺体は全て焼却された。その後、死体を集めて埋める作業に関わったという人の証言もある。

一方で、虐殺現場から脱出したり、虐殺された犠牲者の遺体の中に紛れ、機銃掃射と銃剣による殺戮から逃れることができた人も一〇〇人くらいいた。集落の北東にお寺があり、お寺に隠れ難を逃れた人もいる。

虐殺現場は一九七一年に発見され保存されたが、私たちが今立っているこの辺りの地下に平頂山鎮の住居跡が残っているはずだ。

かつての平頂山鎮跡でこんなことを傅波教授は説明してくれた。この日も陽射しが強く、直射日光に照らされると暑さが厳しい。

千金堡

平頂山鎮跡の確認を終えたあと、撫順炭鉱を襲撃した抗日義勇軍が通った道を逆にたどりながら南に向かい、一五分ほどで千金郷（旧千金堡）の人民政府庁舎に到着する。千金郷は農村地帯にある小さな集落で、人民政府庁舎の前に広大なトウモロコシ畑が広がっている。

さっそく、千金郷人民政府庁舎内の会議室に入り、平頂山事件当時の千金堡について次のように説明を受ける。

撫順炭鉱を襲撃する抗日義勇軍は千金堡から平頂山を経て炭鉱に向かった。その翌日、平頂山の住民が虐殺されたという話が伝わり、千金堡の住民の多くは逃げ出すが、逃げ遅れた老人や病人など約二〇〇人が日本軍守備隊に殺害される。また、住宅一〇〇〇戸くらいが焼き払われた。

楊宝山さんは平頂山の虐殺現場から脱出したあと、傷ついた身体で足を引きずりながら千金堡に向かって一人で歩き、事件当日の夜は、千金堡に近いコウリャン畑の中に隠れて過ごした。その後、葺子峡《しゅうしきょう》を経て、新賓県永稜鎮《しんひんけんえいりょうちん》の伯父の家まで何日もかかって歩いた。今、千金郷から永陵鎮まで車で走ると二時間くらいかかる。あの事件の話をすると、当時のつらい体験を思い出し、楊宝山さんは涙にくれる。

こんな説明を聞き終え、予定時刻よりずいぶん遅い午後三時四〇分ころにバスに乗り千金郷をあとにする。

参観台での方素栄さんの証言と撫順戦犯管理所

撫順炭鉱の露天掘り鉱の南側にある小高い山の上に千台山公園があり、公園内にある参観台から、眼下に広がる露天掘りの撫順炭鉱を見下ろすことができる。その参観台を当初の計画では見学する予定だったが、時間の余裕がなくなり、参観台は経由しないで千金堡から撫順戦犯管理所に直接向かうことになる。そのバス車中で、受け継ぐ会事務局長の熊谷伸一郎さんが、参観台に関わる次のような話を紹介してくれる。

平頂山事件訴訟の原告の一人である方素栄《ほうそえい》さんは事件当時は満四歳で、両親・弟二人・祖父母・叔母の八人で暮らしていた。方さん一家の住居は、平頂山の集落の一番北のはずれにあり、村を南北に貫く通りの東側に面していた。方さん一家の住まいのすぐ北側には、独身の炭鉱労働者たちが寝起きする、鉄条網で囲まれた工人宿舎があった。そして、祖父は雑貨屋を、父は時計の修理屋をしていて、普通の家庭より少し裕福に暮らしていた。しかし、平頂山事件で家族を全て虐殺され、方素栄さんは一人だけ残される。虐殺を免がれた方素栄さんも八カ所に銃弾を受け、その中でも首の傷が一番ひどく、銃弾を取り出し傷がふさがるまでに半年くらいもかかった。

それから二十数年後の一九五六年に、撫順戦犯管理所に収監されている日本人戦犯に平頂山事件の体験を話すよう説得され、参観台の会議室で方素栄さんは二組の戦犯に自身の体験を語っている。最初の組に話すとき、方さんは泣きながら被害体験を話した。日本人戦犯たちが侵略の被害者の声を直接聞くのはこのときが初めてだ。方さんの話を聞いて管理所に帰ったあと、日本人戦犯たちは話し合い、どうしてその場で土下座して方さんに謝らなかったのかと自らを批判した。二組目は、方さんから被害体験を聞いたあと、その場で土下座して方さんに謝罪する。方さんは三組目に対し話すことはできなかった。

こんなふうに熊谷さんが紹介してくれた参観台での被害証言について、方素栄《ほうそえい》さんは次のように述べている。

「……私は、一九四九年ころから平頂山事件の話をするようになりました。この年、中華人民共和国が成立しました（撫順は、それより先、一九四八年一〇月に解放されました）。このころ、各職場を通して、かつての日本や国民党から受けた被害を訴えるという運動がありました。私も自分の体験を話すようになり、平頂山事件の話を聞く会も開かれました。いくつかの小学校、職場、集会などで話をしました。また、遼寧省のラジオ放送でも話をしたことがあります。

解放後、撫順市内にあった戦犯管理所に、元日本兵たちと溥儀が入っていました。一九五六年、溥儀と元日本兵たちが、当時私が働いていた西露天鉱に参観に来ました。この時私は、上司から自分の体験を日本兵たちに話すように言われました。私は五四年に共産党に入党していましたが、日本兵たちに話をする一カ月くらい前から、戦犯管理所の所長から、一対一で教育を受けました。所長は、二〜三日に一回くらいの割合で私のところに来ました。日本人たちに話をするときに、自分の恨みをぶつけるな、大きな視野を持て、悪いのは日本軍であって日本人が悪いのではないと言いました。また、当時中国では、日本人のことをよく『鬼』と言っていました。私もそう言っていました。しかし、『鬼』と言わないようにといわれました。私は日本人をとても憎んでいました。それ以前は、事件の話をするときには、日本人に対して憎しみを含んだ言葉をぶつけていました。しかし、教育を受け、頭を切り換えるように言われたのです。

西露天鉱を見下ろす高台に、『参観台』という建物があります。その中の会議室で、私は講演をしました。会議室の中には、椅子がたくさん並べられており、その中央が空けられて、通路になっていました。一〇〇人くらい座れる場所で、ほとんどいっぱいに人が座っていました。講演の時、私は日本の国・政府が悪いのであって、日本の国民が悪いのではないと言うこと、そして自分の体験を話しました。私が話し終わったとき、二人の元日本兵が真ん中の通路に出て来て土下座しました。彼らは、自分が平頂山虐殺事件に参加した、と告白しました。そして彼らは、『私を殺してください。後悔しています。本当に悪いことをしました』と泣きながら言いました。他の日本人たちも泣いていました。通訳からそれを聞いた私は、正に、『恨み骨髄』という思いがしました。しかし、私は何も言いませんでした。涙だけ、たくさん溢れて来まし

撫順戦犯管理所・中帰連謝罪碑
中帰連謝罪碑の正面に、献花したばかりの花輪が見える。

た。……」。
（撫順イベント実行委員会の「平頂山事件被害者証言」から引用）

さて、時間の制約により参観台の見学をあきらめ撫順戦犯管理所に向かった撫順現場確認の一行は午後四時に管理所に到着し、侯桂花所長らの出迎えを受ける。そして、撫順イベント実行委員会訪中団と日中友好協会訪中団は、復元作業が進みつつある管理所を見学する。

受け継ぐ会訪中団は他の団体とは別行動で、中帰連謝罪碑への献花式典を挙行する。まず、二組準備した花輪の一つ目を団長の松山英司さんと新井ひろみさんが、二つ目の花輪を高尾翠さんと荒川美智代さんが運び、謝罪碑に供える。そのあと全員が黙祷し、謝罪碑の前で中帰連の方々の想いを語り合う。

献花式典を終えたあと、しばらく時間があるので管理所内を散策する。その途中で職員の劉家常《りゅうかじょう》さんに再会し、新しく整備された中帰連活動陳列館の前で記念写真を写す。劉さんは歴史研究者で、戦犯管理所に関わるたくさんの本を執筆している。

また、事務棟の中央部にある螺旋状の階段を登り、戦犯管理所の監視塔に初めて上る。監視塔の最上部にある監視室からは戦犯管理所全体を見渡すことができる。監視塔の左手前方に中帰連謝罪碑があり、つい先ほど献花したばかりの花輪が白い謝罪碑に抱かれるように供えられているのが見える。謝罪碑が建立されている石畳の広場の周辺にある建物は復元作業が進んでいて、化粧直しがきれいに済んでいる様子を見ることができる。

他の訪中団が管理所の見学を終えたあと、管理所を出発する前に正門前に集合し全体で記念写真を写す。

平頂山事件裁判と裁判後の動き

九月一七日の夜は、平頂山事件で虐殺をまぬがれた楊宝山さんと楊玉芬《ようぎょくふん》さんから事件の証言を聞く集会を予定している。そこで、楊宝山さんが原告の一人になった平頂山事件裁判とその後の動向についてまず簡単にまとめておこう。

平頂山事件の生存者である莫徳勝《ばくとくしょう》さんと楊宝山さんと方素栄さんの三人が日本政府に謝罪と賠償を求め裁判を起こしたのは一九九六年のことだ。しかし、二〇〇六年の最高裁判決で原告敗訴が確定し、請求は棄却された。平頂山における住民虐殺の事実は認めるが、国家無答責の法理により日本政府は責任を問われないとされたのだ。(注一三)

しかし、最高裁判決のあとも、日本政府に謝罪などを求める運動を原告と支援者は続けている。その中で原告が要求しているのは次の三項目である。

一　日本政府は平頂山事件の事実と責任を認め、生存者と犠牲者の遺族に対し公式に謝罪すること

二　謝罪の証として、

（一）日本政府の費用で謝罪碑を建てること
（二）平頂山事件被害者の供養のため、日本政府の費用で陵園を開設すること
三　平頂山事件の悲劇を再び繰り返さないため、事実を究明し、その教訓を後世に伝えること

そして残念なことは、原告の一人だった莫徳勝《ばくとくしょう》さんが、高裁判決直後の二〇〇五年五月二三日に亡くなっていることだ。莫徳勝さんは平頂山事件当時満七歳で、祖父母と両親と妹の六人で幸せに暮らしていたが、事件で家族を全て虐殺され一人だけ残された。さらに、莫徳勝さん自身も日本兵の銃剣で肩を突き刺されている。日本政府の謝罪もないまま亡くなった莫徳勝さんの無念を思うと、やるせない気持ちになる。

平頂山事件生存者・楊玉芬さんの証言を聞く

九月一七日の夕刻、平頂山事件生存者の楊宝山さんと楊玉芬さんの証言を聞く集会の会場となる旧・撫順炭鉱倶楽部、現在の煤都賓館に移動する。煤都賓館に設営された集会会場には丸い大きな食卓が七つほど並んでいる。

集会では、平頂山事件裁判弁護団の川上弁護士が司会を務め、最初に出席者が紹介される。中国側の出席者は、生存者で裁判原告の楊宝山さんと娘婿の劉伝利《りゅうでんり》さん、同じく生存者の楊玉芬さんと息子の張《ちょう》玉傑《ぎょくけつ》さん、あと撫順市社会科学院院長の傅波教授だ。

出席者紹介のあと、楊宝山さんが次のように挨拶する。

日本の友人の裁判支援に感謝している。平頂山事件の調査のため撫順に何度も来てくれたことにも御礼申し上げる。事件から七五年になるが、過去の出来事を忘れず将来への教訓としよう。私（楊宝山さん）は、日本人も被害者だと思っている。事件の解決に向け同じ気持ちでいっしょに頑張ってもらえれば有難い。

裁判の原告だった楊宝山さんは、訴訟活動の中で詳しい証言を何度もしてきているので、(注一四) 今回は多くの時間を楊玉芬さんの証言に充ててほしいとして、以上のように短かく話を終える。

楊宝山さんの挨拶のあと、楊玉芬さんが自身の体験を話してくれる。

平頂山事件生存者の証言を聞く会
左から、李楼さん（通訳）・楊宝山さん・劉伝利さん

私（楊玉芬さん）は平頂山事件のとき八歳だった。事件では、二四人家族の中で六人だけが逃げ出すことができた（他は虐殺された）。あの事件のことを順に話そう。

（一九三二年）八月一六日（旧暦。新暦の九月一六日）の朝、日本軍がトラックに乗って平頂山にやってきた。そして日本兵は、村の人たちの写真を撮るので、全員が家から出て指定の場所に集まるよう指示する。家から出たくはなかったが、銃剣を振り回す日本兵に追い立てられ、指示された崖の下へ仕方なく行く。

崖の下に住民が集められたあと、朝鮮族の人が呼び出され、村人の集団から外に出た。そのあと機銃掃射が始められ、住民が虐殺される。

機銃掃射が始まると、母は妹の上に覆いかぶさり、父は私の上に覆いかぶさった。そして、最初の機銃掃射で母は死んだ。

機銃掃射が一旦止まったあと、隣にいた親戚の人が「のどが渇いた。家に帰りたい」と言うので、父は「日本軍が帰ったら家に帰ろう」と言う。弟も「のどが渇いた」と訴えるが、このとき弟は既に銃弾を受けている。父は「日本軍がまだいるから後で」と弟を励ました。やがて弟は死んでしまうが、日本軍がいるので声を出して泣くことはできなかった。とても悲しかった。

機銃掃射を何度か行なったあと日本兵は、全員を残らず殺すため銃剣で人々を刺して回り、生き残っている人がいないかどうか確認を続ける。

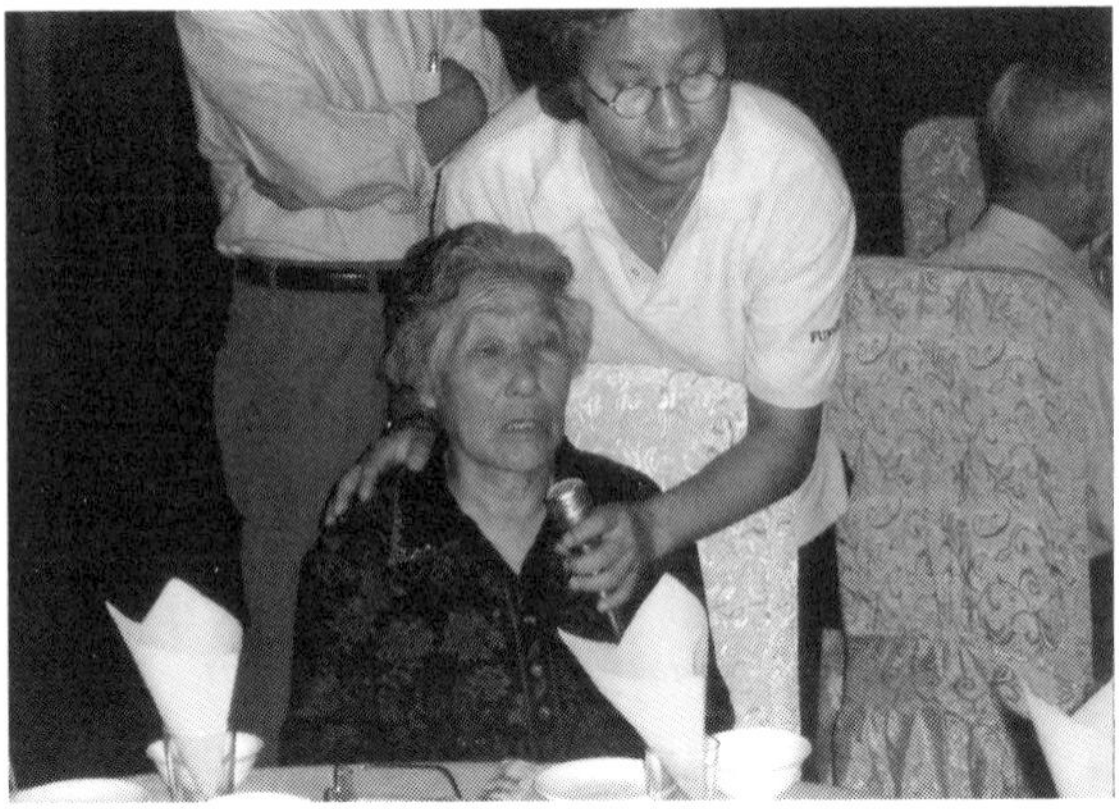

平頂山事件生存者の証言を聞く会
楊玉芬さん（手前）と、通訳の李楼さん

午後五時くらいになり、もう日本軍は戻ってこないと判断し、「家に帰ろう」と父が言う。そのとき、私は初めて泣いた。「母がほしい」と言って妹も泣いた。母が死に、家も無くなってしまったのだ。家がなくなってしまったので父に捨てられるのではないかと思い、「私たちは捨てられてしまうのか」と父に尋ねると、そんなことはないと父は言う。

私たちは虐殺現場から逃げ出し、千金堡の方に歩いた。しかし、そこでもまだ危ないと言われ、その先に向かってさらに歩く。父は肩に銃弾を受けて重傷を負い、いとこも足に銃弾を受けているが、それでも歩き続ける。

トウモロコシ畑におばあさんがいた。父が、「この子たちは何も食べていない」と話してトウモロコシを分けてもらい、私たちに食べさせてくれた。しかし、ここでも立ち止まるわけにはいかず、さらに歩き続ける。

しばらく行くと別の村があり、そこでも村の人に声をかけ食べ物を分けてもらう。その村では、民家に泊めてもらうのは難しそうだったが、お寺に泊めてもらうことができ、一夜を過ごした。

楊玉芬さんはこんなことを話してくれた。この時の楊玉芬さんの話には、弁護団の川上弁護士も穂積弁護士も初めて聞く事実があったとのことだ。

ここで川上弁護士が、楊玉芬さんは日本政府に何を要求したいのかと問いかけ、それを受けて楊玉芬さんが次のように答える。

この席にいる人たちは、私たち被害者のために来てくれている友好的な人たちだ。私が睨みつけているのは日本政府だ。事実は分かっているのに何もしない。私は、この闘いに勝ちたい。そうでないと、亡くなった三〇〇〇人に申し訳が立たない。

撫順市社会科学院院長・傅波教授の話

楊玉芬さんの証言のあと傅波教授が挨拶に立ち、この二日間にわたる訪中団の撫順での活動をねぎらい、中日友好と中国人被害者支援のための継続的な活動に感謝の意を述べる。そして、次のように続ける。

平頂山事件裁判は法律上は負けたが、日本に対しいろいろな思いがある。判決は日本政府自身のためにならないし、国際社会から日本は悪人だと見られてしまった。

判決のあと、井上さん（井上久士さん、平頂山事件研究会代表）ら日本人と今後のことを話し合っている。裁判は敗訴し、これからも状況は難しいが、正義があるので未来を信じている。正義は勝利すると確信している。

裁判は敗訴だったが、三人の原告はこの一〇年間に一〇回も日本に行き、各地で講演し、たくさんの日本人に平頂山事件を知らせることができた。また、多くのことを学ぶことができた。これらが、勝利に向け助けになると思う。

昨日の平頂山事件七五周年犠牲者追悼集会に日本の阿部瀋陽総領事が出席し、犠牲者に献花し黙祷しているのは非常に大きい変化かもしれない。しかし、日本政府の指示なのか何なのかは分からないので、これだけでは何も判断できない。とは言うものの、瀋陽総領事という公式の立場で阿部氏は出席しているので、日本政府内で何か変化があるのではないか、皆さんの一〇年間の努力の結果ではないかと考えたりもしている。

これからも協力し合い努力を続けよう。一人でも多くの日本人に平頂山事件を知らせてほしいし、日本の国会議員は平頂山に来てほしい。この四年間で平頂山事件の研究は大いに進展した。この成果にさらに上乗せし、たくさんの人に歴史事実を認識してもらえるよう努力を続ける。

日本の中国侵略で、平頂山事件などたくさんの虐殺事件が引き起こされたが、その責任を追求しないとファシスト派が優勢になってしまう。だから、責任を追求し続ける必要があるし、たくさんの人に事実を認識してもらう必要がある。事実を知ってもらうため私も努力を続けたい。

楊玉芬さんの証言を何度も聞いているが、聞くたびに心を揺さぶられる。「平頂山で残忍なことをした日本兵を私は憎んでいる。私の家族一八人をなぜ殺すのか。あの人たちを私は憎んでいる」という楊玉芬さんの言葉は重い。

日本の研究者からたくさんの資料を受け取るなど一〇年も二〇年も日本から支援してもらっているが、日本からの支援が無ければ中国では研究ができない。日中友好を志ざす人といっしょになり、お互いに努力し、できることを着実にやっていこう。

傅波教授はこのように話した。

集会の最後に日中友好協会会長の長尾光之さんが挨拶に立ち、現場確認で案内役を務めてくれた傅波教授に御礼を述べたあと、次のように話す。

日本の侵略中にも、侵略に反対する少数の日本人がいたが、そういう人たちは迫害され、殺されることもあった。ここに集まっている人は、そういう人たちの精神を受け継いでいると思う。弁護団や研究者や市民の努力により平頂山事件のことは日本で知られてきたが、まだまだ十分ではない。日本に帰ったら、平頂山のことを知らせるよう努力していきたい。

長尾さんの挨拶で、夕刻の集い第一部の証言集会を終了する。

平頂山事件生存者との交流夕食会

証言集会のあと、井上久士さんの乾杯で交流夕食会に移る。いろいろな酒類とともにたくさんの料理が食卓に並べられ、旨いものを食べながら話がはずむ。その中で話題になったことを一つだけ紹介しておこう。

「平頂山事件の勝利をめざす実行委員会」の向蕾蕾《こうらいらい》さんは平頂山惨案記念館の中国人職員から、平頂山事件の裁判を支援している日本人は給料をいくらもらって活動しているのかと問われた。向蕾蕾さんは、全て無償のボランティアだと答え、「平頂山事件の勝利をめざす実行委員会」事務局長を務めている澁谷和佳子さんの話を聞くようにと澁谷さんを紹介する。話を振られた澁谷さんは、裁判を支援しているのはごく普通の市民であり、自身のわずかな収入からそれぞれが費用を工面し支援している、多くの市民の貴重なカンパで活動は支えられ、弁護団も自前で経費を負担していると説明した。記念館の職員は、日本にはそういう人がいるのかと驚き、被害者の支援を無償でやっている人は本当の愛国者だと感嘆した。

平頂山事件生存者との交流夕食会の席で向蕾蕾さんはこんな話を紹介してくれた。その向蕾蕾さんが書いた『平頂山で感じた日本の裁判活動の意義』と題する一文が、帰国後の一一月六日付で撫順イベント実行委員会から発行された冊子に掲載されているので、それを以下に引用しておく。

「平頂山を訪ね、日本では聞こえない声を聞き、市民運動について中国と日本での理解の差を感じました。まず、市民運動の資金源は中国と日本とでは違います。一般市民からの募金をする形が多い日本に対し、中国には企業或は慈善家による『基金』という形が存在しています。市民運動に参加する中国人は殆ど自らお金を出さないのが現実です。『この活動に参加して、いくらをもらっていますか?』とよく聞かれました。中国人は日本の市民達はどこか基金がある組織の下に所属して給料を貰いながらこの運動に参加しているという理解をしているでしょう。（中略）

いま中国の社会は拝金社会になりつつ、日本の市民達はお金を貰えないのに、なぜこのような運動に参加しているのか、その動機を理解できない中国人は沢山いると思います。しかもこの運動は一日、二日ではなく、十年の長い年月が経っているのです。

でも、日本の市民達を理解している中国人もいます。

北京から来ている通訳の耿春梅《こうしゅんばい》さんはその一人です。彼女は通訳のボランティアとして参加しています。今年は二回目でした。『なぜボランティアとして参加しますか?』と彼女の気持ちを聞きました。『日本人の長年の闘いを見て感動するものが多い。彼らと同じラインに立って一緒に闘うことができて嬉しい』と答えてくれました。

遺骨館の解説員の于永春《うえいしゅん》さんは『日本政府は戦争中にやった悪いことを忘れようとしています。恥だと思っているかもしれない。しかし、十年間の裁判を手伝ってくれた日本人は、自らの行動を通じて、日本政府の代わりにこの恥を認めて、私は彼らが本当の愛国者と思っています。彼らを尊敬しています』と言いました。

裁判は負けたけれど、この運動を通じて中国人と日本人は理解を深めることが確実に進んでいます。この裁判活動の本当の意義はそこではないでしょうか。」

撫順の朝市

撫順訪問四日目の九月一八日の朝、宿舎の友誼賓館の前にある橋を歩いて渾河を渡り、渾河のすぐ北側の細い通りに沿って広がる朝市を散策する。

簡単な机や台を並べるだけの「商店」が通りの両側にずらりと並んでいる。地面に広げたムシロやシートに商品を並べるだけの「店」も多い。所狭しと山積みにされる野菜や果物は色艶がよくみずみずしい。肉屋は、大きな塊の肉を適当な大きさに切り分けている。雑貨や乾物を台いっぱいに並べる店も多い。そして、大勢の買い物客でごったがえしている。荷車を引いてきたロバが、朝市の混雑の中で、山積みのトウモロコシの皮を食べているのも違和感がない。

売り手と買い手がひしめいてごったがえす市場の情景は、中国のどの町でも見ることができるが、庶民の息吹を感じる生活の場である市場の、この雰囲気が私はとても好きだ。

二〇〇七年九月一八日、瀋陽九・一八歴史博物館

日中一五年戦争の開始から七六年目の九月一八日、撫順で予定していた全ての共同行事を前日までに済ませた各団体は、それぞれの予定に従い行動する。

受け継ぐ会訪中団は、七六年前のこの日に日本の中国東北部（「満州」）全面侵略の発端となった瀋陽を訪ねることにしており、朝九時過ぎに撫順を出発する。そして、瀋陽市内にある九・一八歴史博物館に一〇時三〇分に到着する。九・一八事変（柳条湖事件）の現場だ。この日は九・一八記念日なので、歴史博物館に見学に来ている人が多い。

日めくり型の記念館の奥にある資料館は二〇〇二年に開館した新しいもので、とにかく巨大な施設だ。その広大な館内に展開される展示資料などの大枠のくくりは次のように構成されている。

一．九・一八事変の歴史的背景
二．九・一八事変の勃発と東北陥落
三．東北地区での日本の犯罪的統治
四．東北地区軍民の抗日闘争
五．全国抗戦　東北光復と日本侵略者の敗退
六．歴史を鑑とし平和を希求し日本軍国主義復活を警鐘する。

この新しい資料館を一時間くらいで駆け足で見学する。写実的な模型や立体的な展示物もたくさん備えられ、侵略による被害と抗日の闘いを具体的には知らない若い人たちにも理解しやすいよう工夫されている。

この日の夜に、「九・一八」を記念する式典が挙行されるので、日めくり型の記念館の前にある広場で式典会場の設営が進められている。中国東北部への全面侵略を開始した日本軍が、柳条湖砲撃の第一弾の着弾地点に建てた記念碑・炸弾碑が横倒しにされているその脇に臨時の舞台が設営され、舞台の背景となる青地の巨大な横断幕に白い大きな文字で「九・一八を忘れず警鐘を鳴らす式典」と書かれている。「国辱を忘れることなかれ」と刻まれた巨大な釣鐘の台座にも臨時の舞台が設営されている。また、会場後方に高く大きな櫓が壁のように組み立てられ、屋外運動場の照明装置のように多数の照明器具が取り付けられていく。こういう準備作業を見物している人も多い。

この日の夜に式典は挙行されるが、この年は九・一八事変（柳条湖事件）勃発七六周年ということで、一〇年毎など節目の年に比べると式典の規模を縮小しているとのことだ。その式典への出席を受け継ぐ会訪中団は要望してきたが、報道関係者以外の日本人は会場に入れないとのことで、式典への出席を断わられている。

九・一八歴史博物館の参観を一時間ほどで終え、夜の式典の準備が進む会場を後にする。

皇姑屯事件と張氏師府

一九二八年六月四日、関東軍高級参謀の河本大作は、「満州」（中国東北部）支配の足がかりを作るため、当時中国東北部を支配していた奉天系軍閥の首領・張作霖を瀋陽近郊の皇姑屯《こうことん》で爆殺した。皇姑屯事件として知られている出来事だ。

その皇姑屯事件の現場に、九・一八歴史博物館から二〇分程で到着する。京哈線《きょうこう》など二本の鉄道線路が立体で交差する事件現場は、今は特にどうということもなく、それぞれの線路をそれぞれの汽車が何事もなく走り過ぎていく。立体交差の脇にある草原の中に設置された、「皇姑屯事件発生地」と刻まれている小さな石碑が、事件がここで発生したことを示すたった一つの標のようだ。しかし、線路と柵に阻まれ、その石碑がある草原まで行くことはできず、線路越に眺めることしかできない。

皇姑屯事件の現場周辺にはアパートなど多数の高層ビルが建ち並び、交通量の多い幹線道路も通るなど瀋陽の市街地化の波に取り込まれているようだが、鉄道立体交差の周辺だけは車の通行もほとんどなく、樹木が立ち並ぶ緑地も残されている。その木陰で麻雀卓を囲んでいる人たちが何組もいる。このわずかな一角だけは時間がゆっくりと流れているような感じだ。

このあと市内の食堂でシャブシャブ鍋の昼食を食べ、午後は張氏師府(張学良旧居陳列館)を訪ねる。奉天系軍閥の首領・張作霖とその長男・張学良の官邸兼私邸だ。かつての激動の歴史の舞台も今は観光名所であり、見物に訪れる人ものんびりしている。

午後三時半すぎに張氏師府を出て、この日の宿舎となるホテル・瀋陽迎賓館に一旦入る。ホテル周辺は商店街で、ちょうど下校時間になる中学生くらいの生徒たちが屋台の駄菓子屋でお菓子を買い、仲間と談笑しながら過ごしている姿がほのぼのとしている。

瀋陽最高人民法院特別軍事法廷

撫順と太原の戦犯管理所に収監された日本人戦犯千余名の大半は一九五六年に不起訴・即時釈放とされ、わずか四五名だけが起訴された。四五名の内訳は、撫順の収監者三六名と太原の収監者九名で、このうち撫順の三六名は一九五六年六月から七月にかけ瀋陽の最高人民法院特別軍事法廷で審判を受ける。日中一五年戦争の戦後処理の一環であり、九・一八事変の発端となった瀋陽の柳条湖の近くにある劇場が改修され、特別軍事法廷として使用された。

瀋陽特別軍事法廷の傍聴席は一四〇〇人の中国人で連日埋め尽くされ、日本人戦犯に対し極刑を求める声が溢れる。しかし、その声の中で、寛大処理を求める中央政府の意向が反映され、死刑あるいは無期懲役にされる者は一人も無く、最高でも禁固二〇年とする判決が下された。しかも、ソ連に抑留された五年間と中国で戦犯として収監された六年間が刑期に参入されている。(注一五)

瀋陽特別軍事法廷における審理と歴史的な判決から五一年後の瀋陽で迎える九月一八日の夜、特別軍事法廷が開かれた劇場を確認するため、受け継ぐ会訪中団は午後六時過ぎにホテルの瀋陽迎賓館をバスで出発する。そして、小雨が降る瀋陽市街を四〇分ほど走り、明るい商店が連なる結構にぎやかな大通りの脇でバスが停まる。そこで運転手が、通りの反対側にある建物を指し示し、あれが目指す映画館だった建物だと教えてくれる。

車の通行量もそこそこあるかなり幅の広い大通りの、映画館だった建物がある側とは反対側にバスが停車したので、車をよけながらおっかなびっくり大通りを横断し、目当ての建物の前にようやく立つことができた。周辺はなかなかきらびやかな商店街で、明るい店の灯りが連らなっているが、ここだけは灯りが一つも無く、暗くてひっそりとしている。

特別軍事法廷が開かれた劇場(映画館)は煉瓦造りの古い建物で、建物は当時のままのようだ。大通りに面して入口があるが、入口は閉じられていて中に入ることはできない。その入口の上に、幅一〇メートル・高さ二メートルくらいの大きさの白っぽい看板が掲げられ、赤い大きな文字で「北陵電影院」と表示されている。また、壁面には、かつて特別軍事法廷がここで開かれたことを説明する、縦三〇センチ・横四〇センチくらいの金色の説明板が貼り付けてある。瀋陽市人民政府が一九九六年六月九日に取り付けたものだ。これとは別に、「審判日本戦犯特別軍事法廷旧跡／瀋陽市人民政府公布　瀋陽市文化物管理弁公室／一九九六年七月一七日」と記された銘板も掲げられているとのことだ。

入口の上に掲げられた「北陵電影院」の看板から分かるように、この建物は映画館として利用されてきたが、かなり古い時期に営業を止めていて、何年も使われていないような感じだ。やがて取り壊され高層ビルが建てられる予定があるようだが、この歴史的な建物が取り壊されるのは大きな損失だろう。なんとか保存することはできないのかと思う。

（注：その後情況が変わり、北陵電影院の建物は保存されることになった。関連する記事二件を以下に引用しておく。）

「瀋陽で日本人戦犯の軍事法廷復元

（2014年）1月23日発新華社電によると、遼寧省の瀋陽にある日本人戦犯の特別軍事法廷跡が2年余の修復作業を経て、ほぼ復元。5月には、戦犯36人の裁判（1956年）の歴史的場面が再現される見通しです。法廷跡のメーンホールには、実物大の人形で裁判の場面が復元され、当時の裁判状況を映した30分間の映像も上映されます。瀋陽法廷では、鈴木啓久師団長（中将）、武部六蔵「満州国」総務長官らが裁かれました。」

(『日中友好新聞』二〇一四年二月一五日号)

「瀋陽日本人戦犯特別軍事法廷旧跡陳列館が正式開館

日本人戦犯を裁いた特別軍事法廷旧跡は、遼寧省瀋陽市皇姑区黒竜江街七七号にあります。もともとは、一九五四年に中国科学院東北分院倶楽部として建てられ、一九五六年に中華人民共和国最高人民法院特別軍事法廷として日本戦犯の裁判が行われました。一九五六年六月九日から一九日と、七月一日から二〇日の二度にわたり特別軍事法廷が開かれ、拘束されている三六名の日本戦犯に対して裁判が行われました。この裁判は正義をあらわす裁判であり、各国で行われた日本戦犯裁判の中でも最も効果的で成功したものです。三六名の日本戦犯全員が罪を認め反省し、判決に服したのです。国際戦犯裁判史上での奇蹟が起きました。

瀋陽の日本人戦犯特別軍事法廷旧跡は、一九九六年に瀋陽市文物保護単位となり、二〇〇六年から専門博物館として設立準備が始まり、二〇一四年五月一八日に正式開館となりました。撫順戦犯管理所は、展示テーマの検討や資料写真提供などに参加をしています。陳列館の建築面積は一五四五平方メートル、展示面積一一〇〇平方メートル。復元された建物と史実展示を融合することによって、最高人民法院特別軍事法廷で裁判を受けた日本戦犯の歴史を全面的に展示されています。

瀋陽の日本人戦犯特別軍事法廷旧跡陳列館は、日本戦犯裁判の専門博物館として、我が国唯一のものです。同時に瀋陽市ならびに遼寧省における愛国主義教育基地、紅色旅遊の重要な拠点です。

(李偉《リウエイ》・撫順戦犯管理所副所長)(翻訳　編集部)」

（『季刊中帰連・第五五号』二〇一四年一一月三〇日発行）

九月一八日夜の瀋陽

瀋陽特別軍事法廷の建物を確認したあと瀋陽市内の食堂に入る。そして、今回の訪中で最後になる夕食を食べながら、この数日間に見聞したことをあれこれ話し合う。食事中に午後九時一八分になり、七六年目の九・一八事変（「満州」事変）の日を警鐘するサイレンが鳴り渡るのが聞こえる。おそらく、瀋陽の町全体にサイレンが響いているのだろう。

受け継ぐ会訪中団として、柳条湖にある九・一八記念館でこの夜に挙行される七六周年記念式典への参列を要望していたが、参列は認められなかった。日本人が会場にいるのは危険だというようなことも配慮されたのかもしれない。記念式典に参列できなかった私たちは、九・一八事変から七六年目の夜を、瀋陽市内の食堂で夕食を食べ懇談しながら過ごす。

翌日は、早朝に瀋陽空港から北京空港に飛び、撫順を訪ねる旅を終える予定でいる。

第一章　加害と人間再生の地・撫順　注記

（注一）平頂山事件については次の資料などを参照

本多勝一著『中国の日本軍』創樹社、一九七二年、一三頁

石上正夫著『平頂山事件―消えた中国の村』青木書店、一九九一年

本多勝一著『本多勝一集第１４巻　中国の旅』朝日新聞社、一九九五年、一一〇頁・三五六頁

傅波・肖景全編『罪行罪証罪責　日本侵略者制造平頂山惨案専題』遼寧民族出版社（中国―瀋陽）、二〇〇二年
高尾翠著『天皇の軍隊と平頂山事件』新日本出版社、二〇〇五年
傅波編『2005―2006平頂山惨案研究』吉林大学出版社（中国）、二〇〇六年
青木茂著『偽満州国に日本侵略の跡を訪ねる』日本僑報社、二〇〇七年、八七頁
平頂山事件訴訟弁護団編『平頂山事件とは何だったのか　裁判が紡いだ日本と中国の市民のきずな』高文研、二〇〇八年
（注二）青木茂著『偽満州国に日本侵略の跡を訪ねる』日本僑報社、二〇〇七年、一七八頁
（注三）中国帰還者連絡会については次の資料などを参照
中国帰還者連絡会・新読書社編『侵略　中国における日本戦犯の告白』新読書社、一九五八年初版、一九八二年新版
中国帰還者連絡会編『帰ってきた戦犯たちの後半生―中国帰還者連絡会の四〇年―』新風書房、一九九六年
中国帰還者連絡会広島岡山支部編『転落と再生の軌跡　中国戦犯は如何に生きてきたか　中国帰還者連絡会広島岡山支部50年の歩み』私家本、二〇〇三年
星徹著『私たちが中国でしたこと―中国帰還者連絡会の人びと―増補改訂版』緑風出版、二〇〇六年
（注四）青木茂著『偽満州国に日本侵略の跡を訪ねる』日本僑報社、二〇〇七年、九一頁
（注五）撫順戦犯管理所については次の資料などを参照
劉家常・鉄漢著『日偽蒋戦犯改造纪实』春風文芸出版社（中国―瀋陽）、一九九三年
新井利男・藤原彰編『侵略の証言―中国における日本人戦犯自筆供述書』岩波書店、一九九九年
新井利男資料保存会編『中国撫順戦犯管理所職員の証言　写真家新井利男の遺した仕事』梨の木舎、二〇〇三年

撫順戦犯管理所編『日本戦犯再生の地―中国撫順戦犯管理所』五洲伝播出版社（中国―北京）、二〇〇五年
岡部牧夫・荻野富士夫・吉田裕編『中国侵略の証言者たち―「認罪」の記録を読む』岩波書店、二〇一〇年
（注六）例えば、中帰連会員の証言などを記した次の書籍を参照（ほんの一例である）
島村三郎著『中国から帰った戦犯』日中出版、一九七五年
米村済三郎著『でたらめ兵隊行状記　満州・北支戦線とシベリア・中国捕虜収容所』共栄書房、一九八三年
朝日新聞山形支局著『聞き書き　ある憲兵の記録』朝日新聞社、一九九一年
永富博道著『山西残留秘史　白狼の爪痕』新風書房、一九九五年
新井利男・他編『認罪の旅　七三一部隊と三尾豊の記録』「認罪の旅　七三一部隊と三尾豊の記録」刊行委員会、二〇〇〇年
熊谷伸一郎著『金子さんの戦争　中国戦線の現実』リトルモア、二〇〇五年
坂倉清・高柳美智子著『あなたは「三光作戦」を知っていますか』新日本出版社、二〇〇七年
金井貞直・歸山則之著『生きている戦犯「いわゆる中共戦犯」誕生のプロセスと中国帰還者連絡会』「生きている戦犯」刊行委員会、二〇〇九年
小林節子著『次世代に語りつぐ生体解剖の記憶　元軍医湯浅謙さんの戦後』梨の木舎、二〇一〇年
鹿田正夫著『自分史　私と戦争と　大正・昭和・平成を生きて』私家本、二〇一一年
坂倉清著、坂倉本検討会編『安井清　兵士、捕虜、戦犯、語り部を生きる』Artist Action、二〇一二年
（注七）NPO中帰連平和記念館　理事長―松村高夫　埼玉県川越市笠幡一九四八―六
（注八）撫順の奇蹟を受け継ぐ会九州支部編『赦しの花』せいうん、二〇〇六年
（注九）當原ツヨ編著『島亜壇　日中友好と平和を貫いた生涯』私家本、二〇〇八年
（注一〇）潮文社編集部編『心に残るとっておきの話　普及版第五集』潮文社、二〇〇二年、二六四頁
（注一一）撫順イベント実行委員会編『撫順フィールドワーク（解説編）』（二〇〇七年九月一七日発行）七頁

（注一二）李秉剛さんは、撫順炭鉱の強制労働で二五万人の中国人労工が死亡し、一九七一年に行なわれた調査で三六カ所の万人坑が確認されたと記している。万人坑の破壊については本多勝一さんのルポを参照。
李秉剛著『万人坑を知る―日本が中国を侵略した史跡』東北大学出版社（中国―瀋陽）、二〇〇五年、四一頁
本多勝一著『本多勝一集第14巻　中国の旅』朝日新聞社、一九九五年、一〇二頁・三六九頁
（注一三）平頂山事件訴訟弁護団編『平頂山事件とは何だったのか　裁判が紡いだ日本と中国の市民のきずな』高文研、二〇〇八年
中国人戦争被害賠償請求事件弁護団編『砂上の障壁―中国人戦後補償裁判10年の軌跡』日本評論社、二〇〇五年、六八頁
（注一四）青木茂著『偽満州国に日本侵略の跡を訪ねる』日本僑報社、二〇〇七年、八七頁
（注一五）岡部牧夫・荻野富士夫・吉田裕編『中国侵略の証言者たち―「認罪」の記録を読む』岩波書店、二〇一〇年、七頁

第二章　南京大虐殺から七〇年後の南京にて

南京大虐殺七〇周年犠牲者追悼式典

二〇〇七年一二月一三日の午前九時半、大幅に拡張され建て直されたばかりの南京大虐殺記念館（中国語の正式名称は侵華日軍南京大屠殺遇難同胞紀念館）の集会広場が大勢の人で埋め尽くされようとしている。集会広場は驚くほど広大で、その後方には、野球場の外野観覧席のような施設も設営されている。

その集会広場正面の黒い壁面に、横一列の白い巨大な文字で、「悼念侵華日軍南京大屠殺３０万同胞遇難７０周年暨侵華日軍南京大屠殺遇難同胞紀念館拡建工程竣工儀式」と記されている。中国を侵略する日本軍により三〇万人の同胞が殺害された南京大虐殺から七〇周年の追悼式典および南京大虐殺記念館拡張工事の竣工式典というような意味だ。

集会広場に集まる大勢の人はこの追悼・竣工式典への出席者で、式典を主催する江蘇省と南京市の政府関係者、南京市内の学校に通う学生、南京市民ら過去最多の八〇〇〇名が出席するとのことだ。その中に、歴史問題に取り組んでいる市民団体の会員など参列を認められた四〇〇名ほどの日本人も含まれている。八〇〇〇名という出席者の中で四〇〇名という数が多いのか少ないのか判らないが、一〇年前の六〇周年の時は、南京大虐殺記念館で挙行される追悼式典に日本人が参列することは許されなかったことを銘記しておきたい。

さて、式典に参列する各組織や団体は並ぶ位置がそれぞれ定められていて、式典会場の集会広場に重い音色の音楽が流れる中で各々が順々に整列していく。南京大虐殺事件の渦中に巻き込まれながら幸いにも生き延びることができた人々（中国では幸存者と呼ぶ）や犠牲者の遺族も多数参列しているのだろう。明るい青色のそろいの制服を着る幼い生徒たちも整列している。式典会場の一番前には、政府の要人や種々組織の代表者や幹部が並ぶようだ。会場の後方は、競技場の観覧席のように後方になるほど高くなっていて、そこにも参列者がびっしりと入っているのが、会場前方にいる私たちからも見える。

集会広場で挙行される追悼・竣工式典の直前に行なわれた日本と中国の僧侶による「世界平和法要」で犠牲者追悼法要を勤めた日本の僧侶が法衣姿のまま追悼式典会場に来ているので、報道関係者にとっては格好の被写体であり興味の的になるようだ。法衣姿の日本人僧侶に対し、テレビカメラや普通のカメラの撮影がひきもきらず続き、取材の記者も次々やってくる。

犠牲者追悼法要を勤めた僧侶の一人である真宗大谷派の山内小夜子さんは中国のマスコミの取材に答え、日本の中国侵略に宗教も加担したことを指摘し、「明治政府は仏教を弾圧した。その中で生き残るため仏教が国家に擦り寄り、仏教が民衆のものでなく国家のものになっていった」というように説明している。

出席者が整列を終え、一〇時より少し前に式典開始を司会者が告げると、ファンファーレが会場に鳴り渡り追悼・竣工式典が始まる。そして最初に中国国歌が斉唱される。
そのあと、午前一〇時に合わせ、大音量のサイレンが響き渡る。南京市内各所でも同時刻にサイレン（防空警報）が鳴り渡り、南京市民それぞれが虐殺犠牲者の冥福を祈るとのことだ。南京大虐殺記念館の追悼・竣工式典に参列している八〇〇〇名も、サイレンが続く一分ほどの間、犠牲者に想いをはせ黙祷する。

南京大虐殺七〇周年犠牲者追悼式典
会場正面に中国軍兵士と花輪が並ぶ。

黙祷の後、会場に重い音色の楽曲が流れる中で、たくさんの花輪が解放軍兵士の手で会場正面に運ばれ、ずらりと並べられる。花輪は直径一・五メートルくらいの円形で、中央部に白い花、周辺部に黄色い花が配されている。このあと、新たに竣工した記念館の目的と各施設の構成や特徴などが紹介される。
そのあと、南京芸術学院の女子学生・任潔《にんけつ》さんが青年代表として登壇し、南京平和宣言を次のように読み上げる。

暗闇の中で三〇万人が虐殺された。あの南京大虐殺事件から七〇周年の今日、虐殺現場の江東門の地に新しい記念館を完成させ、三〇万の犠牲者の追悼式典を行なう。南京は、歴史に類を見ない暴虐を受けた。この惨劇の歴史を南京市民と中国人民は銘記し、世々代々伝えなければならない。南京市民は平和を渇望し平和を愛する。そして、戦争という暴力に断固として反対し、テロリズムに反対し、市民の生命と財産を侵すあらゆる正義なき行為に反対する。そして、国際的な友好のために行動する。

このような決意に続け、「母親が再び泣かないよう、人類から戦争がなくなるよう、平和が全ての人のものになるよう、平和を愛する人は団結しましょう。そして、犠牲者が安らかに眠れるよう平和な社会にしましょう」と任潔さんは呼びかけた。

青年代表による南京平和宣言に続けて、江蘇省政治協商会議の許仲林《きょちゅうりん》主席があいさつに立ち、次のように話す。

三〇万人が虐殺された南京大虐殺事件から七〇年目の一二月一三日に、犠牲者追悼集会を行なうこの地に新しい記念館を完成させた。その目的は、悲惨な歴史を心に刻み未来を切り開くことだ。日本帝国主義下の日本兵は、一九三七年一二月一三日から六週間で、無辜の中国人民三〇万人を殺害した。南京大虐殺は、中国人民に対する攻撃であるだけでなく、人類が共有する根本的価値に対する攻撃だ。

一九七二年の日中国交回復以降、中国と日本は友好関係を三五年間続けてきた。しかし、日本では少数の人が南京大虐殺は嘘だと言い、事実を否定し歴史を歪曲している。これは、多くの民族と国家の平和的共存の土台を突き崩すものだ。これでは、友好を維持することはできない。歴史に類を見ない大虐殺を日本軍が行なったことは明白な事実であり、未来のために事実を忘れてはならない。戦争責任を否定し侵略を美化するいかなる風潮にも断固として反対していくよう、現在と未来の人々に訴える。

新しい記念館は歴史の事実を伝える施設であり、中国人民とりわけ南京市民が全人類と共有する平和への信念と、世界の人々との平和的共存への願いを示している。拡張された新記念館で参観者に歴史を直視してもらい、世界共通の価値観や歴史の教訓を伝え、平和を求める南京市民の心を発信する。

一九八五年に開設した旧記念館には一四〇〇万人が訪れ、愛国教育と国際交流に貢献してきた。しかし、歴史の事実を伝えるのに旧記念館では不十分だとの判断になり、新しい記念館を造ることにした。そして、

南京大虐殺七〇周年犠牲者追悼式典

8000 名の出席者。会場後方は競技場の観覧席のようになっている。

二〇〇五年の着工から二年を経て本日開館を迎える。新記念館は、犠牲者を追悼する大切な場所であり、平和への行動を人々に促す施設になってほしい。

七〇年の間に世界は大きく変わった。今日の世界の潮流は、平和を求める動きが主流になっていて、経済も発展している。今、中日両国は友好を深めねばならない。大きな勝利に向け進んでいこう。

江蘇省政治協商会議の許仲林主席はこのように挨拶した。

許仲林主席の挨拶が終わると平和の鐘がつかれ鳩が放たれる。平和の鐘の音が式典会場に響き渡り、次々と放たれる大量の鳩が空を飛び回る。その下で式典の終了が宣言され、一〇時二五分に追悼・竣工式典が終了する。

八〇〇〇人が参列する大規模な式典だが、開催時間は三〇分程

度で、案外あっさりと終了したという感じだ。中央政府関係の参列者の中で最高位は共産党対外連絡部の劉洪才《りゅうこうさい》副部長であり、式典を派手にせず、加害国の日本に対し強い圧力をかけないように配慮されたという印象だ。中国外務省の秦剛《しんごう》副報道局長はこの日の定例会見で、南京大虐殺事件七〇周年について、「この日を記念するのは平和を愛惜するためだ」とした上で、「中日双方が歴史から不断に教訓をくみ取り、中日関係に現われている改善と発展の勢いを大切にすることを希望している」（時事通信）と述べている。

追悼・竣工式典の終了後、新しく整えられた展示資料を見学するため、竣工したばかりの新しい展示館に式典参列者は向かい始める。

南京大虐殺七〇周年の南京を訪ねる

一九三七年七月七日の盧溝橋事件を口実に、「満州国」から中国全土へ侵略戦争を拡大した日本軍は、八月一三日には上海で戦闘を始める（第二次上海事変）。続けて日本軍は上海から中国の首都・南京に向け進撃し、同年一二月一三日に南京に突入する。そして、その前後の長期間にわたり南京大虐殺事件を引き起こした。中国では、一二月一三日の日本軍南京突入以降の六週間に、市民と武器を捨てた兵士など三〇万人以上が虐殺されたとされている。さらに、南京大虐殺事件では、膨大な数の中国人が殺害されただけでなく、二万件にも上る女性に対する性暴力事件が発生し、南京市内にあった建物の三分の一以上が破壊され、数え切れない財産が失なわれた。(注一)

日本軍のあの南京突入から七〇年目の二〇〇七年一二月一三日、大幅に拡張され立て直されたばかりの南京大虐殺記念館で、日本軍に虐殺された三〇万の犠牲者を追悼し、同時に、南京大虐殺記念館の拡張工事竣工を記念する式典が開催された。冒頭の「南京大虐殺七〇周年犠牲者追悼式典」の項に記したのはこの式典の様子だ。

この南京大虐殺七〇周年犠牲者追悼式典に日本から参列する幾つかの訪中団の一つに私は加わり、一二月一三日を含む数日を南京とその周辺の無錫《むしゃく》や上海で過ごし、二〇〇七年一二月の南京と周辺の様子を見聞した。その数日間の体験をまとめ、現在と将来の日中関係あるいは日本を考える際の参考としたい。

南京平和法要訪中団

南京市にある南京大虐殺記念館では、日本軍による南京侵略で生命を奪われた犠牲者を追悼し平和への誓いを新たにする式典が毎年一二月一三日に開催されてきた。しかし、日本人の式典への参列は歓迎されず、一〇年前の一九九七年の六〇周年追悼式典では日本人の参列は許可されなかった。

そういう状況の下で、二〇年余にわたり南京の人々と交流を続けてきた市民団体や、南京戦を証言した元日本軍兵士・東史郎さん(注二)らの地道な活動があり、このような民間の地道な活動成果を踏まえ、南京大虐殺六五周年の二〇〇二年に日中韓合同のシンポジウムが開催された。そしてこの年、真宗大谷派僧侶ら日本の仏教関係者は、南京大虐殺記念館の朱成山《しゅせいざん》館長から、毎年一二月一三日に中国の僧侶により記念館で勤められてきた「平和法要」への参加を招請される。

この招請に応え平和法要訪中団が日本で組織され、南京大虐殺記念館で挙行される追悼式典に二〇〇三年から毎年参列し、中国の僧侶と合同で「平和法要」を勤めてきた。ちなみに、二〇〇三年の第一次訪中団では釈氏正昭師が団長を務め、それ以降、第二次は広瀬務師、第三次は玉光順正師、二〇〇六年の第四次は広瀬顕雄師が団長を務めている。

二〇〇七年も、五回目の日中合同平和法要を勤めるため南京平和法要訪中団への参加が呼びかけられ、二九名の参加で訪中団が結成された。今回は、南京大虐殺記念館新館の落成記念式典への参列も予定しているので、訪中団の名称は「南京大虐殺七〇周年平和法要及び南京記念館新館落成記念友好訪中団」とされ、次の四つの団体が参加している。

一．真宗大谷派平和法要友好訪中団
二．東史郎さんの南京裁判を支える会友好訪中団
三．福善寺「鸞の会合唱団」友好訪中団
四．浄土真宗本願寺派滋賀教区同朋運動現地研修友好訪中団

参加者には僧侶でない者も含まれ、僧侶でない私も今回初めて南京平和法要訪中団に加わり、他の参加者と行動を共にすることにした。

そして二〇〇七年一二月一一日、訪中団員二九名全員が関西空港に揃い、一二時二〇分発の中国東方航空MU五三四便で南京に向け出発する。

南京民間抗日戦争史料陳列館

二〇〇七年一二月一一日、南京平和法要訪中団が搭乗する中国東方航空機は、関西空港から二時間四

〇分の飛行を経て、中国時間の午後二時に南京国際空港に着陸する。入国審査を済ませ荷物を受け取り到着ロビーに出ると、南京国際交流公司の戴国偉《ダイグオウエイ》さんが迎えてくれる。戴《ダイ》さんは、「東史郎さんの南京裁判を支える会」や「真宗大谷派平和法要友好訪中団」と長い付き合いがあり、日中間の歴史問題にも詳しい名ガイドだ。南京大虐殺に関わる史実について学びたいと思っている今回の訪中団参加者にとってうってつけの案内人であり、訪中団が中国に滞在する間、戴さんはずっと同行してくれる。

その戴さんに案内され、駐車場に待機している真新しい大型観光バスに訪中団員二九名が乗り込み南京国際空港を出発する。南京市街に向かうバスは、空港近くのインターチェンジから高速道路に入り快適に走る。

車中での戴さんの説明によると、一二月一三日の開館を目前に控え南京大虐殺記念館は最後の仕上げでバタバタしている、一二月一三日の午後に一般公開されると何万もの人が押し寄せ混雑するのではないか、そして、南京大虐殺七〇周年犠牲者追悼式典には北京から中央政府幹部の式典出席も予想され、反日感情が沈静化しつつあるとはいえ、南京を訪れる日本人の安全確保対策も必要で、公安警察の警戒が異例に厳しいというような状況にあるとのことだ。

さて、高速道路を降り市街地に入ってすぐ、南京市安徳門大街四八号にある最初の目的地・南京民間抗日戦争史料陳列館に到着する。空港からちょうど三〇分ほどだ。幅の広い幹線道路に面した建物の壁面に、よく目立つ大きな文字で陳列館の名称が記された看板が掲げられている。

陳列館が開設されている内装材工場の入口で、日本からやってきた一行を陳列館館長の呉先斌《ウシエンビン》さんが迎えてくれる。髪を短く刈り精悍な風貌の呉さんは、四〇歳台前半の若い人で、たくましい感じがする。そういう呉先斌さんの本職は、南京華東装飾材料総廠という名称の内装材会社の社長だ。建物の内装品の製造販売を成功させた事業家で、相当な資産を持っているということだ。呉先斌さんからもらった名刺を確認すると、中国抗日戦争史学会理事と併せ、南京市雨花台区商業組合副会長という役職にも就いている。

陳列館は、工場敷地内の少し奥に入ったところにある建物の三階に設けられている。さっそく、その建物の一階に入り、広くはない階段を三階まで上がり、陳列館展示室に入る。展示室入口の正面の壁面に、中国国歌の義勇軍行進曲の歌詞が記してある。その入口部の奥に一〇区画の展示があり、展示室全体で幅一五メートル、奥行き四〇メートル程度の広さだ。

南京民間抗日戦争史料陳列館展示室
呉先斌館長（右）と山内小夜子さん

二〇〇六年の一二月一三日に間に合うよう同年一一月に新設された南京民間抗日戦争史料陳列館は、開館からまだ一年しか経っていない新しい施設だ。この陳列館を南京大虐殺から七〇年後の今作ろうとした動機は何かとの質問に、抗日戦争の歴史を政府の立場で政府が記録しているが、民衆が経験した歴史として戦争が伝えられていくことが大切で、民間人の視点で見た戦争の歴史を記録し伝えたかったと呉先斌さんは説明する。

こんな想いや願いを込めた新しい陳列館に、館長の呉先斌さん自身が四年間かけて集めた史料を展示している。史料や情報などは、日本の知人から手に入れたものも含め全て民間から集め、例えば、日本が中国を侵略していた時代の日本の雑誌『アサヒグラフ』は三〇〇〇冊くらい収集しているそうだ。また、虐殺を直接記録したものではないが、ここにしかない南京大虐殺事件当時の写真が四枚ある。日本軍の南京入城後に従軍記者が撮影した南京市内の日本軍関係の写真で、呉さんが日本で入手したとのことだ。

そういう展示史料を、呉先斌さんから説明を受けながら見せてもらう。呉さんの陳列館では、南京大虐殺に関する展示を次の七つの主題で構成している。

一．占領される前の南京
二．日本軍の南京攻撃
三．日本軍の南京占領
四．血なまぐさい暴行
五．死体埋葬
六．国際的な救援
七．歴史の審判

そして、解説を記したパネルと大量の写真が、一〇区画に分けられた展示場にびっしり並べられている。また、当時の遺品もたくさん収集され、各々の展示台に並べられている。展示場に置いてあるぜんまいバネ式の蓄音機は当時のままに演奏可能で、呉さんは古いＳＰレコード盤で昔の音楽を聞かせてくれる。

展示の最後には、「奴隷のようにならないことを願う」と記されている。この主張は、抗日戦争などに関わる中国の公立の展示施設などでもよく目にするもので、中国人民に対する中国政府からの訴えかけだ。

この陳列館は歴史がまだ浅く海外との連携も少ないので、資料や物件の入手は公の博物館などに比べ難しいが、お金を費やして何とか買い集め、ようやく今の状態にできたと呉さんは説明する。資料収集に費やした金額は五〇〇万元（約七五〇〇万円）くらいとのことだ。そして、現在は三階だけを展示室にしているが、二階も展示室にしたいという希望を呉さんは話してくれる。しかし、予算などの要因で実現していない。

一時間ほどの参観では展示史料の全てをじっくり見て回ることはとてもできないが、訪問の最後に訪中団から御礼を述べると、「怨みを次の世代に残すためにつくった陳列館ではありません。民衆にとって戦争とは何かを考えるための陳列館であり、日本の若者と戦争について語り合いたい」と呉先斌さんは答える。そして、「お互いの意見を交換できる場を次回は作りましょう、交流がなければ理解し合うことはできない」と、今後の交流について積極的な提案をしてくれる。次に呉さんと再会できる日が楽しみだ。

帰り際に呉さんは、赤い化粧箱に入れた雨花石を訪中団員全員にお土産として持たせてくれた。赤い化粧箱には、磨き上げられた雨花石八個が収められている。

一年前にできたばかりの新しい陳列館だが、大量の写真と共に当時の遺物もたくさん収集され陳列されていて、相当に力の入った立派な施設だ。この陳列館が民間の一個人により設立され、民間の施設として運営されていることに驚かされる。今回の訪中団の事務局を務める山内小夜子さんは、これまで何度も南京を訪ねているが、「今回、一番驚いたことは、民間の資料館が設立されていたことです。……『民間』の文字がとても新鮮に感じました」と帰国後の報告に記している。

辺りは何かもう薄暗い感じになった午後四時半過ぎに南京民間抗日戦争史料陳列館を出て、南京市夫子廟にあるホテルに向かう。この日の南京は厚い雲に終日覆われ、ときどき雨が少し降るというような天候だ。

安徳門大街から夫子廟に向かう途中に、丸い屋根が特徴的な雨花台区役所を通過する。南京大虐殺事件当時、谷寿夫中将が指揮する熊本第六師団は、雨花台を経て南京城内に進撃している。その時、南京城内に向かう途上で、雨花台に陣を構える中国軍とも激しい戦闘が行なわれた。戴さんの説明では、当時、雨花台での戦闘が終わったあと日本兵の遺体だけを処理した人がいて、その人が後に、見渡す限り遺体が広がっていたと証言しているとのことだ。

雨花台の戦闘の話など案内役の戴さんの話を車中で聞いていると、そこらじゅうが南京大虐殺事件の被害と加害の現場だ。

やがて辺りはすっかり暗くなり、ライトを灯けて車が走る中で、夫子廟の近くにあるホテル・状元楼酒店（南京市夫子廟状元境九号）に到着する。

朱成山館長を囲む夕食会

訪中初日の一二月一一日は、日本から来た三つの訪中団による合同の夕食会を南京市内の食堂で開催する予定だ。三つの訪中団は、「神戸・南京を結ぶ会」と「熊本県日中友好協会」と「南京平和法要訪中団」で、南京大虐殺記念館の朱成山《しゅせいざん》館長をこの夕食会に招待している。

南京平和法要訪中団の宿舎のホテルから夕食会会場の食堂に移動すると、朱成山館長は南京市長への報告が午後六時から割り込み、夕食会には少し遅刻すると連絡が入っているとのことだ。一二月一三日の新記念館開館と七〇周年追悼式典を二日後に控え、朱成山館長は南京で今一番忙しい人だと戴さんが紹介する。

午後六時三〇分には、十数名くらいで囲むそれぞれの丸い食卓でそれぞれ乾杯し宴が始まる。私が席についた食卓でもさっそく乾杯し、そのあと、南京との関わりなど自己紹介を始める。各々の南京との関わりには、考えさせられる話や面白い逸話がそれぞれにあり興味は尽きない。

その中で、南京平和法要訪中団の事務局を務める真宗大谷派僧侶の山内小夜子さんは、東史郎さん（注一）との関わりなどを次のように紹介する。

　東本願寺の歴史の掘り起しなど自身の研究を目的に一九八八年に初めて南京を訪ねたとき、その一年前（一九八七年一二月）に東史郎という人が南京に謝罪に来たことを教えられた。そして、そのとき驚いたのは、南京大虐殺事件の加害者である東史郎さんを尊敬していると被害者の中国人から言われたことだ。それをきっかけに東史郎さんとの付き合いが始まり、歴史改竄《かいざん》主義者からの攻撃と闘う東さんの裁判闘争を助けるなど支援してきた。

山内さんは、南京や東史郎さんとの関わりをこんなふうに話したあと、東史郎さんの南京裁判について記した『南京大虐殺・記憶の暗殺　東史郎はなぜ裁判に負けたか』（内山薫著）が、北京の世界知識出版社の尽力で一二月一三日付で出版されることを紹介する。その出版直前の本を今回の南京の旅に持ってきているとのことだ。

こんなことで旨い料理と酒と話を楽しんでいると、やがて、南京市長への報告を済ませた朱成山館長が宴席に駆けつけてくれる。朱館長が会場に着いたときの出席者の歓迎ぶりから、朱館長はたいへんな人気者であることが分かる。

しばらく食事と酒を楽しんで落ち着いたあと、宴の途中で朱館長は挨拶に立ち、新記念館について次のように説明する。

新しい南京大虐殺記念館の建設にあたり、これまでの記念館が担ってきた「前事不忘・後事之師」（過去を忘れず将来の師とする）という狙いは変えていない。しかし、新記念館では、新しい発想の新館建屋など見てほしいところがたくさんある。たとえば、波を越えながら進む情況を表現する一八メートルもある平和の舟、この舟には重苦しい色のタイルを貼り付けている。事件当時の惨状を想い起こさせる暗闇の部屋と、それを通り抜けた後の明るい部屋は、「明と暗」・「生と死」を象徴的に表現している。著名な彫刻家によるレリーフも四つほど増やし、レリーフは九個になる。また、南京大虐殺では六週間で三〇万人が虐

朱成山館長を囲む夕食会
後列右から三人目が朱成山館長

殺されたが、これは一二秒毎に一人が殺害されたことになる。命がこのように失なわれていくことを示すのに、一二秒に一回水が落ちてくる部屋を造った。さらに、一万人以上の犠牲者の個人記録と資料を整え、展示室に並べている。この記録を整備するだけで二年も三年もかかったが、これからも整備を続けていく。

このように説明し朱館長が話を終えると、各グループの人が次々に挨拶にきて、いっしょに並んで写真を写すなど朱館長は大人気で引っ張りだこだ。日本人出席者の多くと朱館長の付き合いがそれぞれにあり、お土産を朱館長に手渡す人もたくさんいる。歴史を正面から受け止め南京と関わってきた人たちの努力の積み重ねがあって初めて日本人が南京で歓迎され受け入れてもらえる。そういう人たちとの再会を朱館長も喜んでいることだろう。

夕食の宴席も終わりに近くなり、朱館長が最後に次のように挨拶する。

今日ここで、古くからの友人と新しい友人に会えて嬉しい。そして、新しい記念館は明後日に皆さんを迎える。いつまでも南京の友人でいてください。これからも末永くお付き合いしていきましょう。

こんなことで夕食会を終えるころには、もう午後九時を過ぎている。

夫子廟のホテルから夕食会会場の食堂にバスで行くときは、夕方の交通渋滞でずいぶん時間がかかったが、帰りの道路は空いていて一〇分くらいでホテルに帰り着く。南京訪問一日目に、極めて多忙な朱成山館長と宴を共にできたのは嬉しいことだ。

南京大虐殺事件の証言を聞く

南京訪問二日目の一二月一二日、朝八時三〇分に夫子廟にあるホテルを出発し、小雨の中を南京人民大会堂に向かう。人民大会堂では、南京大虐殺事件生存者の夏淑琴《かしゅくきん》さんと陸軍南京兵站《へいたん》病院元看護婦（士）の上田政子さんから証言を聞く予定だ。南京大虐殺の体験を証言できる生存者は何人もいるが、病気がちだったりで体調が悪い人は今回は証言してもらうのをやめ、このところとても元気な夏淑琴さんに来てもらうことに決めたとのことだ。

南京市内の道路には、すずかけ（プラタナス）の街路樹がたくさん植えられている。すずかけの街路樹は、三メートルくらいの高さまでは一本の太い幹で、そこから四方に枝を広げている。また、地表から一・五メートルくらいの高さまでは幹に石灰が塗られているので、白く太い幹が街中で目立つ。この時期のすずかけは、緑の葉と橙の葉が混在し、路上に散っている橙色の葉も多い。そして、他の都市の例にもれず、南京市内も交通量が多く渋滞が激しい。道路の両側にずらりと立ち並ぶすずかけの街路樹を切り道路を拡幅するのか、すずかけを残すのかで市長の悩みも深いとのことだ。

南京人民大会堂は、すずかけの街路樹が立ち並ぶ、車道だけで六車線ある太い幹線道路に面して建っていて、壁面に「人民大会堂」と大きく記されている。国民政府（蒋介石政権）時代の首都・南京で既に使用されていた「人民会議場」をそのまま受け継いだのがこの南京人民大会堂だ。

この日、人民大会堂の、三〇〇人以上は入れそうな大きな講堂で証言集会が行なわれる。この集会は、「神戸・南京を結ぶ会」と「熊本県日中友好協会」と「平和法要訪中団」の三団体の共催で実施するもので、参考までに、南京人民大会堂会議室（講堂）の借用料は午前中の会議で二〇〇〇元（約三万円）とのことだ。

夏淑琴さんの証言

証言集会会場の南京人民大会堂にやってきた夏淑琴さん（注二）は、日本で起こした名誉毀損訴訟で完全に勝った（二〇〇七年一一月二日、東京地裁で勝訴判決）直後でもあり、とても元気な様子だ。講堂正面の講演者席に通訳の戴さんと並んで座り、大勢の日本人が注視する中で夏淑琴さんは証言を始める。

南京大虐殺七〇周年の節目に日本の皆さんに会うことができ、私（夏淑琴さん）は感動している。事件から七〇年が過ぎた今も、三〇万人の犠牲者を出したあの事件を私たちは忘れないし、日本にも忘れない人がいる。そして、多くの日本人が今も私に関心を持ってくれていることが嬉しい。私は、生き残った者の義務として、事件の体験者として証言を続ける。

事件から七〇年が過ぎ、当時八歳だった私は今七八歳だ（夏淑琴さんは一九二九年五月五日生まれ＝夏さんの証言中の（　）内は筆者の追記注）。その間、いたるところで多くの支援をいただいた。日本で起こした裁判を日本の皆さんが支援してくれていることにも感謝している。

あれから七〇年が過ぎたが、事件のことは鮮明に憶えていて忘れることはない。一九三七年一二月一三日、九人家族のうち七人が、私の目の前で日本兵に殺された。日本兵に殺されたのは、母方の祖父母と両親、姉二人と下の妹の七人だ。その時、私も日本兵に三カ所を刺されたが、幸いにも生き残ることができた。当時四歳の上の妹（夏淑雲《かしゅくうん》さん）は、布団の中に隠れていて無事だった。

夏淑琴さんが虐殺事件を証言する

左から、上田政子さん・夏淑琴さん・戴国偉さん（通訳）

事件の最初のところから話そう。一九三七年当時の私たちは、中華東門近くの新路口五番地（南京城南門東新路口五号）に住んでいた（同じ住居に、夏さん一家九人とイスラム教徒の哈《ハ》さん一家四人の合わせて二家族一三人が住んでいた）。

一二月一三日の朝、日本兵がいきなり家に押し入ってきて父が撃たれる。哈さんというイスラム教徒の大家さんも、入口の扉を開けようとするところで殺された。

父と哈さんが殺されたので、母と哈さんの奥さんは机の下に隠れる。しかし、二人は日本兵に見つかり、母は机の上に引きずり出され、裸にされ強姦された。隣のおばさん（哈さんの奥さん）は力が強く、机にしがみつき引きずり出させなかったので、そのまま日本兵に殺される。その時、おばさんの叫び声が聞こえた。

私たち姉妹四人は寝台のある部屋に逃げ、寝台の下に隠れた。しかし、その部屋にも日本兵が入ってくる。私たち姉妹をかばうため、祖父母は寝台の端に座り日本兵に対峙したが、日本兵に殺されてしまう。この時、吹き飛ばされた祖父母の白い脳みそが壁に付着した。一番上の一五歳の姉は寝台の下から日本兵に引きずり出され、机の上で裸にされ強姦される。二番目の姉は寝台の上で強姦された。私が泣き叫ぶと、うるさいと言って日本兵は私を刺し、そのまま私は気を失う。このとき私は三カ所を刺されていた。四歳の妹（夏淑雲さん）は布団の中に隠れていて、見つからずにすんだ。

それからどれぐらい時が過ぎたのだろうか、「おかあさん、おかあさん」と叫ぶ四歳の妹の声に気づき意識を取り戻すと、私の周りの人は皆死んでいる。一番上の姉は机の上で裸のまま、二番目の姉は寝台の上で足を拡げ床に投げ出した状態で、それぞれ動こうともしない。幼い私には、何が起きたのか理解できなかった。（アメリカ人のジョン＝マギー牧師が危険を冒して撮影し、『南京の暴挙の記録』として後にまとめた記録映画には、夏さんの家族七名と哈さん一家四名全員、合わせて一一名が惨殺されている状況が記録されている。夏淑琴さんが体験したこの事件では、夏淑琴さんと妹の夏淑雲さんの二人だけが生き残った。）

今でも私は、私の家族に日本兵はそんなことをなぜするのか理解できない。事件のとき、一番上の姉は一五歳で二番目の姉は一三歳だ。こんな幼い子どもが殺されたことは、七〇年経った今も苦痛で、忘れることはできない。

さて、四歳の妹が「おかあさん、おかあさん」と泣き叫んでいるので、祖父母の死体の上を這って進み、泣いている妹のところへたどりつくと、そこに母は裸で倒れていた。一番下の妹もそこで死んでいる。四歳の妹と私は泣いて泣いて泣いて……、泣き続けた。

それからどれくらい時間が過ぎたころだろうか……、お腹がすいたと妹が訴える。それで私は、お腹をすかせた妹に何を食べさせたらよいものかと思案し、母が作ったおこげをそこで思い出し、妹と二人でおこげを食べた。

それからは、夜になるとおこげを食べた。すぐ近くに日本兵が駐屯しているので、昼間は動けないからだ。

ここで、通訳をしている戴さんが次のように少し説明を加える。

夏さんの家の前に大きな通りがあり、その向かい側の民家に日本軍部隊が駐屯していた。その民家から日本兵が毎日出てきて、どこかに向けて移動する。そのとき日本兵は、近道するため夏さんの家の中を通るので、日本兵に見つからないよう夏さんは昼間は机の下に隠れていた。そこでは、おばあさんの遺体の足が夏さんの枕だ。日本兵は、夏さんの家の中を通るとき、死んでいることを確認するため、おばあさんの遺体を蹴とばしていった。そういう日本兵の行為を見ながら夏さんは隠れていた。

戴さんの説明のあと、一息ついて夏淑琴さんは次のように話を続ける。

日本兵がいつ来るか分からないので昼間は机の下に隠れ、夜中になっておこげを食べるという毎日が一〇日間くらい続く。周囲は、亡くなった人が放置されたままで、遺体に囲まれたまま過ごしている。

一〇日くらいたつと、日本兵は老人たちを殺さないという情報が流れ、老人ホームの老人たちは外へ出て動き回るようになる。私（夏さん）のところにも、老人ホームからやってくる老人たちが現われるようになった。そして、おじいさんやおばあさんたちは、「生きている人はいない、ダメだ」と言いながら、辺りの状況を確認して回っている。

二日間何も食べていなくてお腹がすいてたまらない私は、近くに来ている人たちが中国人であることが分かったので、助けてほしいと叫んだ。それで、「あ、ここに二人いる」ということで発見され、妹と私は老人ホームに連れ帰ってもらうことができた。

三カ所を刺された私の身体は、それまでは洗うこともできずにいて血まみれだ。老人ホームで着替えをするとき、私の怪我が重傷だということが分かり、綿を燃やした灰を傷口に塗ってくれた。そして、老人の服を手直しした黒い服に着替えさせてもらう。

老人ホームでは毎日おかゆを食べさせてくれた。（家族を殺された悲しさで）泣き続けたせいか、このころは視力も弱まっていた。

一二月一三日より前に南京国際安全区に避難していた母方のおじは、一〇日くらいして周囲の様子が落ち着いたと思い、夏さんの家に安否の確認に来る。そこで周りの人から、私たち二人は生き残り老人ホームに引き取られたと教えられ、老人ホームに迎えに来てくれた。そして、私たちは国際安全区に連れていかれる。

当時、南京国際安全区では登録制がとられていて、人数に応じて食料が配給された。また、国際安全区の中には、アメリカとドイツとイギリスの三カ国の人がいた。

国際安全区の中で、家族が殺された事件の様子を周りの人に私（夏さん）は話した。すると、その時はラーベ氏とは知らないが、証拠収集のため妹と二人でラーベ氏に事件現場に連れて行かれる。そして、どういうふうに隠れ、食事し、生活していたのか説明し、三つある釜に手が届かない小さい子どもでも、踏み台に上がれば釜の中の食料に手が届くこともラーベ氏は確認する。

一九三八年の二月か三月ころには、私一人がおじさんの家で暮らし、妹は孤児院にあずけられている。そのころ、ラーベ氏が車を手配し、おじさんと私をラーベ氏の住まいに招待してくれた。そこでラーベ氏から、そろそろ自国のドイツに帰るので私をいっしょに連れて帰りたいとの申し入れを受ける。おじさんが五人を養うのは大変だからというような理由だが、ラーベ氏の申し入れをおじさんは断わる。こうして、おじさんのところで私はずっと暮らした。ラーベ氏宅に招待されたこのとき、ラーベ氏は綿入れの服を私にくれた。

事件から六〇年目の一九九七年に、ラーベ氏の親戚がラーベ氏の資料を私に届けてくれた。その中にある、ラーベ氏とマギー牧師の二人が撮映したたくさんの写真やラーベ氏の日記で、事件当時は幼い子どもだった私の記憶を補うことができ、事件を明確にすることができた。私たち姉妹を老人ホームに連れて行ってくれた人の名も、ラーベ氏の日記(注四)で分かった。

南京で三〇万人が日本兵に殺されたが、ラーベ氏やマギー牧師やミニー=ヴォートリン氏などにより、たくさんの中国人が助けられている。当時、中国人を支援する人たちの中には、中国人女性を助けようとして殴られたりする人もいたが、日本軍に抗議に行って中国人が解放されることもあり、いろいろな場面でたくさんの中国人が救われた。

さて、八歳の時から私は母方のおじと暮らすようになり、一二歳になると天秤棒を担いで野菜を売り歩き、おじの生活を手助けした。こうして、幼いころの私は、言葉で言えない苦労を重ねる。

一九四五年に日本が降伏し国民党が政権に復帰するが、米飢饉が起こり米の値段は上がるばかりだ。米を買うのに行列ができ、行列の中で警察のベルトで殴られたこともある。この米飢饉の時は、日雇いの仕事で何とか食いつないだ。どれほど苦労したのか言葉で言い表すことはできない。そのうち、親戚の面倒を見ることで、おなかいっぱい食べることだけは出来るようになる。

一九四九年に新中国が誕生した後は、夜間学校に三年間通い、読み書きが少しできるようになる。このおかげで新聞も読めるようになり、社会を学ぶことができた。そして、一九五四年二月に二四歳で結婚する。

一九八五年から、南京大虐殺事件の一生存者として南京大虐殺記念館の行事に出るようになり、それからは事件の体験をたくさん証言し、多くの日本人とも知り合うようになる。

一九九四年に朱成山館長と共に日本に行き、東京や大阪や長崎を訪ね、暑い中で山内小夜子さん（平和法要訪中団事務局。山内さんは、講演者席の夏さんから見える前の方の席に着いている）らにお世話になった。日本訪問では、いたるところで暖かく迎え入れていただき感謝している。

これまでに日本を六回訪問し、その度に集会などで私の体験を話している。ある集会で、元日本兵がひざまづいて謝罪してくれたこともある。そのときはその元日本兵に、「あなたたちの責任ではない、南京大虐殺の責任は天皇と日本軍国主義にある」と話した。中国と日本は長いあいだ仲良くやってきた。（その良好な関係をだいなしにした）天皇が支配する日本軍国主義に、中国侵略と南京大虐殺の責任があるということだ。

毎年一二月に日本から大勢の人が南京に来てくれる。山内小夜子さんたちは平和法要も勤めてくれ、本当に感謝している。また、南京事件を調査するため、自分の仕事さえも犠牲にしている人たちもいる。この人たちにも感謝している。

さて、一九九八年に、私を偽証人だと主張するデタラメな人物があらわれる。李秀英《りしゅうえい》さんも偽者呼ばわりされたことがあるが、家族七人を殺された私をなぜ偽者呼ばわりするのかと憤りを感じる。

デタラメを本に書いて出版したのは、亜細亜大学の東中野修道と（自由史観会員の）松村俊夫の二人で、それに負けてはならないと南京で裁判に訴え、七年闘った。

（二〇〇〇年に夏さんは、松村俊夫と東中野修道および出版社の展転社を南京市玄武区法院に名誉権侵害で訴え、二〇〇六年八月に原告勝訴の判決が出された。判決では、原告の訴えを法院が認め、本の出版停止と回収焼却、中国と日本の主要紙上への謝罪声明掲載、慰謝料一六〇万元（約二四〇〇万円）の支払いを命じている。南京大虐殺事件に関わる民事訴訟で中国の裁判所が受理し判決を出した初めての事例になる。この判決を受け、南京大学法学院の張暁陵《ちょうぎょうりょう》教授は、「国際司法慣例によれば、第二次世界大戦に関わる民事訴訟は自国で行なうことができる。夏淑琴事件が国内（中国）で審理されたことにより、中国人が第二次大戦中の権利を擁護するための新しい道が開かれた」と指摘する。これまで中国人被害者は、ほとんどが日本で訴訟を起こしているが、被害者の権利擁護に対し非常に難しい情況が続いている[注五]。）

南京に続けて日本でも裁判に訴え（東京地裁）、法廷に出るため、南京大虐殺記念館の世話になり二〇〇六年に日本に行ったが、東中野たちは出廷もしなかった。そして、今年（二〇〇七年）一一月に被告が敗訴し、展転社らに三五〇万円と東中野に別に五〇万円、合計四〇〇万円の賠償金の支払いを命じた。

人生で何一つ悪いことをしていないのに七人もの家族を殺された。その私を偽者呼ばわりする人がなぜいるのか分からない。裁判は二審へと続くが、最後まで闘い続ける。（ここで会場に大きな拍手が起こる。）南京大虐殺事件の生存者の一人として七八年の人生を生きてきた私を理解してくれる皆さんに感謝する。

このように話し夏さんが証言を締めくくると、人民大会堂は大きな拍手に包まれる。

（その後、二〇〇九年二月五日の最高裁の決定で、夏さんのほぼ完全な形の勝訴が確定した。判決で注目すべきことは、四〇〇〇万円という賠償金の額もさることながら、「被告東中野の原資料の解釈はおよそ妥当なものとは言い難く、学問研究の成果というに値しないと言っても過言ではない」と厳しく断じていることだ。）

上田政子さんの証言

夏淑琴さんの証言のあと、続けて上田政子さんが証言する。

上田さんは、市民団体「神戸・南京を結ぶ会」の訪中団に加わり二〇〇七年八月に南京を訪問し、その折に、一九四四年から陸軍南京兵站《へいたん》病院で赤十字救護看護婦（士）として働いた自身の体験を語っている。それを受け、南京での体験を今回も話すことになったとのことだ。「神戸・南京を結ぶ会」は、南京大虐殺事件六〇周年の一九九七年に初めて南京を訪ずれ、それからは二〇〇三年を除き毎年南京を訪ね、今回が一一回目の南京訪問になる。これまではいつも夏に来ていたが、南京大虐殺新記念館の開館に合わせ、今回初めて冬の南京に来ている。

会場正面の講演者席に上田政子さんが着き、「神戸・南京を結ぶ会」の飛田雄一さんが隣に座る。そして、飛田さんに紹介されたあと、上田さんが話を始める。

私（上田政子さん）は島根県・隠岐の島の生まれで八一歳になる（一九二六年、寅年の生まれ）。今は松江に住んでいる。

長島愛生園で働いているとき、園の人たち三〇〇人が発行している雑誌に自分史のようなものを少しずつ私は書いていた。自身の記録として書き始め、一三年間続けて少しずつ書き進めたが、雑誌は一九八八年に廃刊になる。最近それを読み返し整理しているときに、私の体験を南京で話してほしいと飛田さんから言われた。そういういきさつがあり、長島愛生園で書きつづった記録をもとに、私の戦争について話すことになった。

私が初めて戦争を意識するのは六歳のときだ。一人の女性が我が家に来て、寅年のお嬢さんに千人針を頼みたいという。その女性が持参した三尺くらいの布に女性が針を刺し、私が針を抜く。六歳なので、それを六回繰り返し六針縫う。寅は一〇〇〇里の道を走り一〇〇〇里の道をまた帰ってくるというので、虎年の女性の千人針は、出征兵士に持たせるのに有難がられたようだ。

それから年月とともに戦争が激しくなっていき、隠岐の島には、千人針とともにヤツデの葉を縁起物としてもらいにくる人が増えた。ヤツデは、天狗の持つ強い葉として頼りにされるのだろう。

一九四二年に日赤松江支部の看護婦養成所に入り、一九四四年に繰り上げ卒業する。赤十字看護婦養成所の卒業生は、日赤病院での二年間の勤務の後も二〇年間は国家の要請に従うこととされ、軍隊と同様に絶対服従を強いられる。

そして、召集令状が届いたということで、一九四四年六月二五日に赤十字病院院長室前の廊下に四〇名が集められ、招集令状が一人ずつ渡される。赤紙は外地勤務、白紙は内地勤務の召集令状で、私は赤紙を渡されたので外地勤務だ。

それから三日後の六月二八日にはもう出頭し、島根で二個班が編成され、赤十字従軍看護婦として出征することになる。この日に、病院の講堂で送別会が行なわれた。その翌日に両親が来て、二日間を宿でいっしょに過ごす。父は、はみ出た行動はするな、上級生に従え、生水は飲むなと私に注意した。

そのあと汽車で下関《しものせき》に向かい、翌朝に到着する。四八〇名の救護看護婦が下関に集まり、七月四日に船に乗り込み釜山に向かう。船内では救命胴衣を身に付けた。

釜山から汽車で中国大陸の各地に向かい、それぞれの任地でそれぞれの班が下車していく。大陸の夏は暑い。冬服を着ている私は大陸の猛暑にやられた。そんな私を乗せた汽車は、奉天から北京を経て徐州を通過していく。七月一一日にようやく汽車を降り、揚子江岸まで歩いて行く。揚子江岸で、これから南京に向かうと先輩に言われ、南京は嫌だと私は思った。

南京城北西部の下関《げかん》から南京市街に入り、紫金山のふもとにある南京第一陸軍病院（南京兵站病院）に到着する。南京第一陸軍病院は、二二〇名の看護婦を含め全体で一〇〇〇名の職員が勤務し、一五〇〇人から二〇〇〇人の患者を収容する大病院だ。

病院では最初に七日間の研修がある。その研修中のある日、遠足で光華門に行き昼食をとるときのことだ。光華門の大門の前はヨシが生えていて座れないので、小門の前の草が枯れているところに座る。すると、お尻の下がゴツゴツする。石があるのだと思い取り除こうとすると、ゴツゴツするのは木のようなもので、よく見ると人骨だ。そして、ふと山の方を見ると、頭蓋骨が並んでいる。それを見て、南京の残虐事件のことを思い浮かべる。隠岐の島は進歩的なところで自由な雰囲気があり、日本軍が南京で酷いことをしたらしいという話が伝えられていて、南京の残虐事件のことを私は知っていたからだ。

私たちが今いるここだけ草が生えていない。そして、そこここに人骨が散らばっている。さらに、すぐ目の前に頭蓋骨が並んでいる。七年前の南京の残虐事件で殺された犠牲者の遺骨が残っていて、それを今私が見ているのだと分かった。

しばらくして昼食休憩の時間が終わり集合となるが、光華門の両側や周辺の様子をしっかりと目に焼き付ける。しかし、ここは軍隊だ。このことは話してはいけないと心に誓う。

このようなことも体験し、南京第一陸軍病院の七日間の研修が終わる。私は今八一歳だが、このとき光華門で見たことを初めて喋るのは七〇歳代になってからのことだ。

研修を終えると、第一内科病棟班に一〇名、伝染病棟班に一〇名など各班に配属され、それぞれが陸軍看護婦として勤務に就く。私を含む三名は第五班に配属された。

看護婦として勤務を始めて間もないころに検温を担当したときのことだ。四〇度の熱がある患者がいると上司に報告すると、策熱（ごまかし）ではないかと指摘される。もう一度検温に行くと、その患者の兵士は私を拝むしぐさをする。測り直すと平熱だが、策熱を見つかると、殴る蹴るなど兵士は何をされるか分からない。上司には、測り直したがやはり四〇度だと報告した。この時は、策熱を見抜けなかった自分を恥じた。

戦争栄養失調症という病気がある。腹が膨れあがり下痢が続きドロドロの便が出続け、若い兵士が老人のようになる。重症患者は回復する見込みもなく、死が突然に来る恐ろしい病気だ。栄養失調で死ぬのは嫌だ惨めだと言いながら戦争栄養失調症で若い兵士が死んでいった。

ところで、南京第一陸軍病院には、伊藤という二四歳になる先輩がいた。あるとき伊藤さんに、手紙は検閲されるので恋文のたぐいは書かないことにしている、こんなに辛いなら死にたいと私は言う。すると、いっしょに死のうと伊藤さんから言われ、麻薬係だから麻薬を射って死のうという話もしていた。

そして、日本の敗戦から二日目のことだ。今日は部屋に来ないようにと伊藤さんから言われる。いつもさそってくれるのに変だなと思い、気になって伊藤さんの部屋を覗くと、白い帽子をかぶり手を合わせて数珠を持ち、足を縛って横たわっている。そして、麻薬と注射器が窓の外に落ちていて、先立つことを詫びると書いた遺書が置いてある。

まだ息があるので慌てて病室に運び入れ救護しようとするが、自殺は許されないことだとされ、倉庫のようなところに入れられてしまう。そこでは、息子を殺された中国人が、伊藤さんがかわいそうだと言って親身に看護してくれた。

しかし、伊藤さんは九月二日に亡くなる。国賊の扱いなので通夜も葬儀も駄目だと言われたが、ないしょで通夜を行ない、そっと棺を送り出した。伊藤さんの父親は一人だけ残されたが、その父親もやがて自殺する。そのため、何か事情を知っているのではないかと詰問されるが、何も知らないと私は言い張った。

日本の敗戦で国民党政府の捕虜になってからは、日本で勉強した中国人医師たちと共に看護婦として病院で勤務する。それが私には楽しかった。このとき恐かったのは、南京の中国人ではなく日本人の衛生兵だ。夜は、地下室の部屋に鍵をかけて生活し、日本人衛生兵から身を守った。

一九四六年六月に帰国命令があり、ようやく日本に帰ることができると分かったとき、夜空の月を見上げほっとしたことを鮮明に憶えている。そして、帰国するため病人と共に上海から白龍丸という船に乗る。帰国船の白龍丸が中国大陸沿岸から離れるほど海水の黄色がだんだんと薄くなっていく。この二年間は肥やし壺の中にいたような気がした。そして、大陸から遠く離れ海が青くなったころ、「赤いリンゴ」の歌を聞く。日本に向かう洋上で、白龍丸の船長が隠岐の島の出身者であることが分かり嬉しかった。二泊三日の船旅を経て博多に着き、隠岐の島の家に帰ると母が迎えてくれた。私の無事を確認した母は、赤十字病院はひどいところだと言った。

陸軍南京兵站病院に勤務し赤十字従軍看護婦として体験したことなどを上田政子さんは以上のように話してくれた。

南京人民大会堂で夏淑琴さんと上田政子さんの証言を聞く集いは予定の時刻を少し過ぎ、一二時二〇分に終了する。

中山陵

南京人民大会堂を出発し、中山東路を通り中山陵に向かう。その途中、明故宮を経て中山門を通過する。南京城の東側の門だ。南京の城壁は二〇年の歳月をかけて造られ、一三八八年に完成した。当時は、延長三三キロメートルの城壁に一三の門が設けられたが、現在は数カ所の門だけが残っている。中山門はそのうちの一つだ。

中山門の北東側に拡がる中山陵の森の中に、遊園地を併設する公園がある。その公園内にある食堂に午後一時ころ到着し、ここで、中国料理の旨い昼食を食べる。食堂の近くにある森の中の野外音楽堂は、舞台の前に半円形の広い芝の観客席を備えている。その野外音楽堂から、ゆったりした曲が流れている。

この日の南京は小雨が降り続き少々寒い。中山陵の森も冬の雨ですっかり濡れている。しかし、広い公園内の周遊路には、赤色と金色に塗られた派手な観覧車が、座席いっぱいに観光客を乗せ走り回っている。中山陵の森は、南京市民の憩いの場のようだ。

この日の午前中に南京大虐殺事件の体験を話してくれた夏淑琴さんは中山陵管理局の職員として働き、定年退職した後もこの近くに住んでいるとのことだ。

日本軍慰安所・松下富貴楼

中山陵の公園内にある食堂で遅めの昼食をすませ、南京市福安里五号にある日本軍慰安所・松下富貴《まつしたふうき》楼《ろう》(注六)跡に向かう。かつての慰安所建物は現在は民間アパートとして利用されていて、大家さんが待っていてくれるとのことだ。

中山陵から三〇分ほどで、長白街《ちょうはくがい》と常府街《じょうふがい》が交差する細柳巷福安里《さいりゅうこうふくあんり》五号の交差点に到着する。南北に延びる長白街と東西に延びる常府街はそれぞれ交通量が多く道幅の広い幹線道路で、道路沿いに商店などの建物が建ち並び、人通りも多くにぎやかだ。

その福安里五号交差点の南西角の長白街沿いにちょっとした緑地がある。芝生で覆われる公園のような緑地で、敷地の西側端に壁を作るように、二メートルか三メートルくらいの高さの樹木が一列か二列で植え込まれている。その他には十数本のシュロなどがぱらぱらとあるくらいで、大きな木はない。昔からある緑地ということではなさそうだ。

その緑地の西側に、緑地の植え込みに接するように、瓦屋根の平屋の建物が二棟建っている。これが、かつて慰安所だった建物だ。福安里五号交差点の周辺はにぎやかな繁華街で、背の高い現代風の建物がずらりと建ち並んでいる。その街中にあっては、緑地と昔ながらの古い民家という感じの平屋の慰安所建物がある一角は、近代化の流れから取り残された別の世界という印象を受ける。

日本軍慰安所・松下富貴楼

露地の両側に、慰安所として利用された部屋が並ぶ。

さて、私たちは、長白街の一筋西側の、車は通れない細い路地に常府街から入り、慰安所建物二棟の入口に進む。慰安所建物の入口は、南北方向にのびる細い路地の東側にあり、慰安所敷地内の露地がそこから東に延び、その露地の両側にかつての慰安所建物が建っている。

現在は、この二棟の建物は一般のアパートとして利用されていて、アパート敷地内の二棟の間にある露地に沿い両側にそれぞれ数部屋が並び、それぞれの部屋の出入口が露地側にある。ここに何家族もの人々が住み、日常の暮らしを普通に営んでいる。観葉植物などいろいろな草木を育てる大小さまざまの植木鉢が露地や窓枠に並べられていて、ここに暮らす人々が狭い場所を工夫し、アパート暮らしの中で緑を楽しんでいる様子も分かる。自転車も何台か置いてある。エアコンも幾つか使用されているようだ。

実は、この建物は都市計画により取り壊されそうになったことがある。しかし、南京に四〇カ所以上あった慰安所を一つくらいは保存すべきだという歴史学者や研究者の働きかけと大家さんの必死の反対で撤去工事は中止になる。そして、江蘇省の関係機関が現地を視察し調査した結果、政府の都市計画をくつがえし建物を残すという結論になったとのことだ。

アパート入口で、日本からの訪問者一行を、アパートの大家さんの李興国《りこうこく》さんと、慰安所開設当時のことを知っている李邦華《りほうか》さんが迎えてくれる。李邦華さんは八一歳で、一九三七年の南京陥落を一一歳の時に体験している。

さっそく李邦華さんが、慰安所があった当時の様子を次のように説明してくれる。

一九三七年一二月に南京が陥落したあと、次の年の一九三八年の春に、松下という名の日本人がこの建物を慰安所に仕立てて経営した。慰安所の名称は松下富貴楼という。慰安所建物は四棟あり、そのうち二棟は二階建てだ。全部で二四の個室があり、二四人の「慰安婦」が同時に働かされていた。松下富貴楼には正面と北側に門があり、日本人は北側の門から慰安所に出入りしていた。

当時四棟あった慰安所建物のうち二階建ての二棟は現在の大通りにあったので、一九九二年の道路整備工事で取り壊された。だから、今は二棟だけが残っている。また、慰安所の従業員が住んでいた建物も既に取り壊されている。

李邦華さんはこのように説明してくれる。格子模様のジャンバーにつば付の黒い帽子を身に着ける八一歳の李さんは、顔色もよくしゃきっとしていて、まだまだ若い者には負けないぞという雰囲気でとても元気な様子だ。

案内してくれた戴国偉さんに後で確認すると、慰安所・松下富貴楼にされる家を建てたのは、李邦華さんのお父さんとその兄弟とのことだ。また、松下恵子と名乗る三〇代の日本人女性が数年前に福安里にやってきて、残っている慰安所建物を買い取りたいということで大家さんの李興国さんと交渉したが、買い取りの話は断わられたということも戴さんが教えてくれた。

李邦華さん／松下富貴楼
慰安所として利用された部屋の中を案内してくれる。

さて、李邦華さんから説明を聞いたあと、大家さんの李興国さんが、アパート入口前の路地に机を置き、慰安所として利用されていた当時の遺品を並べて見せてくれる。徳利や茶碗や湯呑などは慰安所で使われていたものだ。慰安所・松下富貴楼跡を紹介する記事が写真と共に掲載されている書籍や新聞などもあれこれ見せてくれる。また、当時ここで使われていた自転車も残っている。

そのあと、李興国さんが入居者から了解をとってくれ、アパート内の幾つかの部屋を見せてもらう。かつて慰安所として実際に使われた部屋だが、現在は普通の市民が普通に暮らしている部屋だ。それぞれの部屋の中はこざっぱり片付いていて、タンスや机や椅子など普通の家具があり、当たり前のことだが、人々の普通の生活の様子がある。青色の卓上蛍光灯が置かれた勉強机らしい机とその周辺に本がずらりと並ぶ部屋もある。受験生がいる家庭なのだろうか。慰安所内部がどんな様子だったのか今はもう分からないが、慰安所当時の雰囲気を留める部屋を期待すること自体が無理なことなのだろう。

アパート内の一室で李邦華さんに私のノートに名前を記入してもらう。ペンを持つ手つきもしっかりしていて、なかなかの達筆だ。訪問の記念に写真にも入ってもらう。そんなやりとりをしている中で、日本人の訪問者に李邦華さんは、「このアパートに住む家族に代わって皆さんを歓迎します。よくいらっしゃいました」と話しかけ、次のように続ける。

明日（二〇〇七年一二月一三日）は南京大虐殺から七〇周年の日で、六週間にわたる虐殺が開始された日だ。南京大虐殺で三〇万人が犠牲になり、中国全土では千万人以上の中国人が殺された。一方、日本人も被害を受けていて、広島や長崎では何十万人も死んだ。いずれも戦争に責任がある。このような不幸をもたらす戦争は不要で、平和が大切だ。中国人も日本人も平和を愛する民族だと思っている。歴史を肝に銘じ、平和を求めていこう。中日両国民は協力し合い、代々の友好を築いていこう。

慰安所跡の部屋で李邦華さんはこのように話してくれた。

ところで、どこで話を聞いても中国の人々は、李邦華さんの話と判で押したように同じことを話す。

日本の人民も被害者であり、悪いのは戦争（を起こした責任者）であると。この中国人の寛大な心を日本人は裏切ってはならない。日本が一方的に加害者であり侵略者であった歴史に日本人が真摯に向き合えば、真の友人として中国人から迎えてもらえるだろう。しかし、現実には、歴史を改竄する悪質で恥さらしの日本人が今でも少なくないのが実情だ。

かつて慰安所であったアパートに住む人たちは、そう広くはないアパートに大勢でやってきた日本人の一団をどのように思っているのだろう。また来たのかと思っているのだろうか、あるいは、めずらしいこともあると考えているのだろうか……。彼らの心の内は分からないが、ともあれ私たち一行を静かに見守ってくれる。

一時間弱の慰安所跡確認を終えバスに乗り込み、次の目的地のラーベ記念館に向かう。

ラーベと国際安全区記念館

南京市内の道路は渋滞が激しく、車の列が延々と続く中をバスはゆっくり進む。この日の南京は小雨が降り続き、まだ午後三時半を少し過ぎたばかりなのに街並は薄暗い。そういう天気の中で、福安里五号の慰安所跡から三〇分以上かけ、漢口路《かんこうろ》二二号にある南京大学「ラーベと国際安全区記念館」（ラーベ記念館と略称）に到着する。

ラーベ記念館の敷地の南側は幹線道路に面していて、北側は南京大学だ。私たち一行は、敷地の南東側にある守衛所前の門からラーベ記念館に入場する。入場料が十元（約一五〇〇円）必要だ。

ラーベ記念館の建物はジョン＝ラーベの旧居を改装したもので、二階建ての上に屋根裏部屋が載る一

ジョン＝ラーベの旧居
2006年に整備され、初めて一般に公開された。

部三階建てという造りで、正面の間口が一〇メートル少々、奥行きが十数メートル程度のこじんまりしたものだ。黒っぽい壁の色に玄関扉と窓枠の白色が映え、赤茶色の屋根瓦と合わせ、随分とおしゃれな感じがする。この建物が芝の庭と共に新たに整備され、公開されている。

建物入口の脇にラーベの胸像が設置されている。南京大虐殺事件当時、ドイツのシーメンス社の代表として南京に駐在していたジョン＝ラーベは、南京在住の欧米人らと共に国際安全委員会を組織し、南京市内に国際安全区を設定し中国人避難民を救援した。

南京市民の恩人であるラーベは、ドイツに戻ったあと生活が苦しく苦労するが、中国政府は資金を出しラーベを支援した。ラーベは、二四〇〇枚にもおよぶ『ラーベ日記』(注四)を残し、日本では『南京の真実』という標題で出版されている。

ラーベ記念館の建物と庭は南京大学の所有で、以前は教職員の宿舎として使用されてきた。南京大虐殺の研究で著名な高興祖《こうこうそ》教授も一〇年くらい前までここに住んでいた。その後も南京大学の教職員が住んでいたが、四年ほど前に建物を取り壊すという計画が持ちあがる。しかし、歴史的に貴重な施設だから保存すべきだと多くの人が声を上げ、その結果、取り壊し計画が撤回され保存されることになった。

ラーベの旧居を新たに整備し保存するためドイツ政府も資金を出して協力し、二〇〇六年一〇月に改装と整備が完成する。そして、南京大学「ラーベと国際安全区記念館」として一般にも公開された。それまでは一般の人々はラーベ旧居に入ることはできず、塀の外から眺めるしかなかった。しかし、記念館として公開されることで、南京にゆかりの深い多くの人たちもラーベ旧居に初めて入れるようになったのだ。

記念館建物の内部は、一階と二階の各部屋が展示場として整備されていて、写真と解説文のパネルを主体に展示している。また、南京大虐殺事件当時の文書類などもたくさん展示され、ラーベらの活躍が紹介されている。新装され一般公開されてからまだ一年くらいしか経っておらず、建物も展示もとてもきれいな状態だ。なお、三階へ上がる階段から先は立ち入り禁止とされている。

記念館建物の外に出ると、そう広くはないがゆったりした芝の庭がある。ラーベが住んでいた当時の庭はもっと広かったとのことだ。現在の庭の北西隅には地下防空壕の入口がある。防空壕は婦女優先というのが、ラーベが決めた規則だ。

記念館の湯道鑾《とうどうらん》館長はこの日は不在だが、事務職員が常駐し施設を管理している。この日は、アジアの戦争を研究しているというスペイン人のジャーナリストも見学に来ている。

中山埠頭遇難同胞記念碑

南京城の北方を流れる長江を渡り北側（左岸）に逃げれば助かるということで、日本軍が攻め込んだ南京城から逃げ出した人々は長江河岸南側（右岸）の下関《げかん》などに押し寄せた。しかし、長江を渡る船はなく、長江河岸にあふれた人々は日本軍に捕まり虐殺される。膨大な数の遺体の多くは長江に流され、証拠の一部は隠滅された。こうして、七〇年前の南京城北方の長江河岸は惨劇の地にされた。

さて、私たちは、漢口路にあるラーベ記念館を午後五時前に出発し、南京城北西の長江沿いにある下関《げかん》に向かう。この時刻の南京は小雨がぱらつきすっかり暗くなっていて、混雑する夕方の南京市街を、ライトを点けて自動車は走行している。下関に向かう訪中団を乗せた大型観光バスは、その途中に挹江門《ゆうこうもん》を通過する。七〇年前、南京城から脱出を図る中国軍兵士と、それを阻止しようとする中国軍の挹江門守備部隊が味方同士で撃ち合った悲劇の地だ。

その挹江門から五分ほどで、下関にある中山埠頭《ちゅうざん》に到着する。中山埠頭は、連行されてきた一万人以上の中国人が虐殺された現場で、中山埠頭を通る幹線道路の脇に中山埠頭遇難同胞記念碑が設置されている。辺りはすっかり暗くなり、周囲に照明などは何もないので、高さ六メートルくらいの白い記念碑は闇に包まれている。その記念碑の前で、この地に連行され虐殺された一万余の人々の無念と悲嘆を想い、訪中団全員で黙祷を行なう。

記念碑に刻まれた中国語の碑文は当時の惨劇を簡潔に伝えている。以下に、「神戸・南京をむすぶ会」第一一次訪中団（二〇〇七年一二月に冬の南京を初めて訪問）の『南京・フィールドワークノート』に掲載されている中山埠頭記念碑碑文の日本語訳を引用しておく。

「中山埠頭遇難同胞記念碑・碑文
中山埠頭は中国侵略の日本軍がおこした南京大虐殺の遺跡の一つである。当時国際安全区に避難していた青壮年の難民でこの難にあい殺害された者は、あわせて一万人以上にのぼる。その中で、一九三七年一二月一六日夕方、日本軍は元華僑招待所に避難していた難民の中から、いわゆる『偽装兵士』の疑いのあるもの五〇〇〇人余りを捕まえ、ここに連れだし、機関銃で集団射殺したのち、川に死体を投げ捨てた。一二月一八日、日本軍は再び大方巷《だいほうこう》に避難していた難民の中から、青年四〇〇〇人余りを捕まえてここまで連れだし、またしても機関銃で射殺した。この前後、日本軍は更に付近の南通路、北麦地や九甲の堤一帯でもわが難民八〇〇人余りを射殺した。悲しいかな！　ああ、政治が乱れ国が弱ければどうして安全でありえよう。外敵の侮りを免れようとするなら、自ら強くなるほかない。現在は情勢がまったく異なっているけれども、やはり『過去を忘れるべきではない』。ここにこの碑を建て、歴史をしっかり記憶し、中華を振興するよう後人を励ますものとする。」

南京大虐殺事件の惨劇を伝えるこのような記念碑が長江沿いに七カ所あるとのことだ。中山埠頭記念碑の裏手に回ると、「Ｇａｌａｘｙ　Ｙａｃｈｔ　Ｃｌｕｂ」のきらびやかな大きな施設があり、長江の岸辺に今はネオンサインなどが輝いている。その背後に、長江の広大な川面が広がる。七〇年前と同じように寒いのであろう冬の一二月の夜、しばらくじっと長江を見つめる。冬の曇天が続く南京だが、雪が降るのは年に一回くらいとのことだ。

一二月一三日　南京大虐殺記念館に向かう

南京大虐殺から七〇年目の一二月一三日、南京の朝は曇り空だが、前日まで降り続いた雨はあがっている。南京大虐殺七〇周年犠牲者追悼式典が雨に煩わされることはなさそうで一安心だ。

七時三〇分過ぎに夫子廟にあるホテルを出発し、追悼式典が開催される南京大虐殺記念館（南京市水西門大街四一八号）に向かう。案内役の戴国偉さんの話では、この日の南京は前日より少し冷え、いつもと同じくらいの寒さになったとのことだ。そして、暗くて寒い七〇年前の日々を想うと話し、バス車中で次のように戴さんは説明を続ける。

中国では、ある特別な日が特別な日だと周知されていて、例えば一二月一三日は南京で、一〇時の式典に合わせサイレン（防空警報）が何度も繰り返し鳴らされる。同じように、七月七日は北京、八月一三日は上海、九月一八日は瀋陽でそれぞれサイレンが鳴り響く。こうして過去の歴史を中国は忘れないので、（侵略を否定する発言が日本でなされるなど）何かあると中国は敏感に反応する。

そして戴さんは、次のような雑談も続ける。

現在の中国は日本と仲良くしたいと希望しているが、小泉（元首相）のときは中日関係は最悪だった。安倍（前首相）は表面では中日関係を重視すると言うが、極右の歴史改竄主義者だという安倍の本質は分かっている。そして、福田（現首相）の年内訪中を中国は期待している。評判の悪い首相らと違い、田中真紀子は人気が高い。

「世界和平法要」

八時前に、大幅に拡張され建て直されたばかりの南京大虐殺記念館に着く。記念館の周囲には大勢の人が既に集まっている。

この日は、南京大虐殺七〇周年犠牲者追悼式典の前に、中国と日本の僧侶が合同で勤める平和法要が八時三〇分から行なわれるので、日本の平和法要訪中団一行は、係員が入場を管理している門から、一般の人はまだ入場できない記念館構内に入る。平和法要に参列する中国側の生存者や遺族も続いて入場する。

七〇周年犠牲者追悼式典が一〇時から行なわれる広大な集会広場では、たくさんの担当者により式典準備が進められている。その集会広場の脇を通り、奥の池の脇にある展示施設の建物に入り、暗闇の部屋を通り抜け、さらにその奥にある広場に出る。四方を建物に囲まれるその広場が、日中合同で平和法要が勤められる追悼広場だ。五メートル以上の高さの黒い壁が追悼広場の正面にあり、黒い文字で「世界和平法要」と書かれた黄色の布がその黒い壁にかけられ、その前で火が焚かれている。そこが祭壇になる。

八時を過ぎると、法要に出席する人たちが追悼広場にどんどん入場してくる。主な参列者は、南京大虐殺事件の生存者と犠牲者の遺族、法要を勤める日本と中国の僧侶、あと政府や記念館の関係者などで、朱成山館長ももちろん出席する。中国の僧侶は約一五〇名もの大人数で、ネズミ色の法衣をまとい、同じネズミ色や茶色や橙色の襟巻を首に巻いている。剃髪の頭は冬はやはり寒いのだろう、毛糸の帽子をかぶっている僧侶も多い。

日本からは、三十数名の僧侶を含め数十人が参列するようだが、日本の宗教者が中国国内で宗教儀式を行なうには担当部局の許可が必要で、今回も南京市宗教局に許可申請を提出し、事前に許可を得ている。

日本からの出席者の中に、東史郎さんが名誉毀損で訴えられた裁判で東さんを支援した中北龍太郎弁護士ら「東史郎さんの南京裁判を支える会」の人たちもいて、東さんの遺影と共に会場に来ている。そして「支える会」の人たちは、中国（北京）の世界知識出版社から出版されたばかりの本・『南京大虐殺　記憶の暗殺　東史郎はなぜ裁判に負けたのか』（内山薫著）も持ってきている。東史郎さんの南京裁判を記録する『記憶の暗殺』初版の出版日付は二〇〇七年一二月一三日で、まさに南京大虐殺七〇周年のこの日にされている。

南京大虐殺事件における日本軍の暴虐を自らの加害犯罪と共に証言し、南京市民に直接謝罪した東史郎さんは、南京と中国の人々から赦され、大切な友人として受け入れられている。(注二) 新たに建て直された南京大虐殺記念館でも東史郎さんのことがしっかり展示されている状況を、このあとすぐに確認することになる。

さて、「世界和平法要」と書かれた大きな黄色の布が掛かる正面の大きな黒い壁の前に祭壇が設けられ、花がずらりと並べられる。法要への参列者は数百名くらいの規模になるだろう。報道関係者もたくさん来ている。そして予定の時刻を迎へ、参列者が祭壇の前に並び、八時半過ぎから平和法要が始まる。最初は、日本の臨済宗妙心寺霊雲派の僧侶ら数名が法要を勤める。導師の則武秀南師は、紫色の法衣に橙色の鮮やかな袈裟をまとい、他の僧侶は黒い法衣を身に付けている。

その次も、日本側の僧侶が法要を勤める。京都を中心とする平和法要友好訪中団の各団体や、名古屋から参列している毘盧寺《びるじ》平和友好訪問団の僧侶など約三〇名が合同で勤める法要で、真宗大谷派平和法要友好訪中団の森島憲秀師が導師を勤める。僧侶は、黒衣五条という装束を身に付けている。読経の途中で森島師が読み上げる表白の中に次のような言葉がある。

平和法要友好訪中団などが勤める法要
前列の左から二人目が森島憲秀師

「……一九三七年十二月、我が日本の軍隊は南京の占領に際し、残虐残忍極る南京大虐殺を行い、三十万余の無辜の人々を惨殺し、家屋を焼壊せしめ、婦女子を蹂躙しました。この人類文明史上類を見ない蛮行は、古都南京に消えることのない深き傷痕を残しています。

私たち日本仏教徒も、仏法の名のもとにその侵略の先端を担い、従軍僧を派遣し、戦場や銃後で兵士や国民の志気を鼓舞しました。人を殺し殺させ、仏法に背き、釈尊の仰せにてなきことを仰せとしたのです。私たちは、この二重の罪責を負うものとして、尊き生命を奪われし方々の『いのち』の声をひたすら心に刻むことを願います。……」

その後は、中国側の僧侶が法要を勤める。祭壇の正面に立ち法要を主導する四名の高僧は、黄色の法衣の上に赤い袈裟をまとっている。その他に、南京市内にある毘盧寺《びるじ》と鶏鳴寺《けいめいじ》の約一五〇名の僧侶が、鮮やかな黄色や渋い茶色の法衣を身に付け、祭壇に向かって右側の追悼広場の端に並び法要を勤める。祭壇に向かって左側の追悼広場の端に参列する生存者や遺族とは向き合う形になる。生存者や遺族はそれぞれ胸の前で手を合わせ、僧侶の読経に唱和している。また、僧侶と同じ黄色や茶色の法衣を身に付ける人も少なくない。

これらの法要を日中の僧侶が勤める間、マスコミの取材は随分と過熱していて、ところかまわずカメラの砲列が押し寄せるという感じだ。ところで、法要を勤める間も中国の僧侶はほとんどが襟巻を首に巻いたままで、毛糸の帽子をかぶったままの僧侶も少しだがいる。襟巻や帽子の着用は中国では特におかしなことではないということなのだろう。

中国側の僧侶が勤める法要
正面の祭壇に向かう高僧と、右側に並ぶ約150名の僧侶

平和法要が終了すると、緊張が解けた追悼広場のあちこちで、再会を喜び合う輪が広がる。お互いの元気な姿を確認し合い、健康を気づかい、変わらぬ友好を願うなど、再会の喜びを分かち合っているのだろう。日本から参列した人たちの集合記念写真も写される。

導師を勤めた森島憲秀師は、「この法要を通し、共に歴史を学び、中国の方々との交流を深めることが叶い、何よりも得難い勝縁に遭うことができた」と帰国後に語っている。

南京大虐殺犠牲者追悼式典と日本人

平和法要のお勤めや参列をすませたあと、一〇時から開催される予定の南京大虐殺七〇周年犠牲者追悼式典に出席するため、式典会場となる集会広場に向かい、九時半前には会場に入る。既にかなりの人が会場に集まっている。

このあと行なわれる追悼式典の様子は、冒頭の「南京大虐殺七〇周年犠牲者追悼式典」の項に記した通りである。その追悼式典に約四〇〇名の日本人が参加しているが、一〇年前の一九九七年に南京大虐殺記念館で開催された六〇周年追悼式典では、追悼の場に日本人が同席することは許されなかったことを再度確認しておきたい。

ところで、南京大虐殺記念館で行なわれる追悼式典に日本人団体が参列することを初めて許可されたのは、中国の抗日戦争勝利五〇周年の一九九五年のことで、記念館の配慮と政府の黙認の下で、大島孝一氏を団長とする「アジア太平洋戦争犠牲者に思いを馳せ心に刻む会」訪中団の一六名が追悼式典に参列している。この会は「刻む会」と略称されたりするが、南京では「銘心会《めいしんかい》」と呼んでいる。

しかし、一九九五年に「刻む会（銘心会）」の参列実績が作られた後も、追悼式典に日本人団体が参列するのは難しいという状況が続いたようだ。なお、一九九五年の「刻む会」の参列以前にも日本人が個人として追悼式典に参列しているが、大きな話題になることはなくマスコミも取り上げていない。

ところで、一九九五年に、南京市や江蘇省の関係部署に「刻む会」の参列を申請し、認可を得るために随分と骨を折り奔走したのは、今回の南京平和法要訪中団を迎え入れ同行してくれている南京国際交流公司の戴国偉《ダイグオウエイ》さんだ。ようやく実現した日本人団体の初めての参列に際し、「刻む会」訪中団の南京への受け入れも戴さんが担当し案内役を務めている。

南京大虐殺記念館・展示館を見学

新しい南京大虐殺記念館は、この日（二〇〇七年一二月一三日）が開館日になる。旧記念館の開館日は、抗日戦争勝利四〇周年記念日の一九八五年八月一五日で、それから二二年後の新記念館開館ということだ。

新記念館を旧記念館と比べると、敷地面積は約三・三倍の七・四ヘクタール、館内の展示面積は約一一倍の九〇〇〇平方メートルに拡張され、総工費三億二八〇〇万元（約五〇億円）を費やし、七〇周年記念の一二月一三日に合わせて完成した。新記念館の展示写真は三五〇〇枚で旧記念館の約六倍になり、アメリカ人宣教師・ジョン＝マギー牧師が危険を冒して事件の様子を撮影した一六ミリ撮影機とフィルムや、被害者の遺品や旧日本軍の遺留品など展示品は三三〇〇点を数える。また、若い参観者を意識し、映像や模型を多用し七〇年前の南京大虐殺事件を再現しているとのことだ。新記念館には、世界平和を祈念する公園も新設されている。

後日の日本国内の報道では、新記念館の建設目的について、朱成山館長の説明が次のように紹介されている。「恨みや憎しみではなく平和を目指す施設にした」（中日新聞）。「恨みや憎しみをあおるのではなく、平和を前面に出し、人々に歴史を記憶にとどめてもらい、平和を発展させるためです」（しんぶん赤旗）。

さて、集会広場で挙行された南京大虐殺七〇周年犠牲者追悼式典が一〇時二五分に終了し、その後は展示館を見学する。展示館の入口はかなり混雑したが、闇を意味する暗い部屋を通り抜け展示場に入ってしまうと、そこからは割合とゆっくりゆったり見学することができる。

展示館の一階は、第一部分「南京陥落前の中国情勢」の「中国は国を閉ざし、貧窮に陥ることで西欧列強の侵略と圧迫を受け、一連の不平等条約の締結を強いられた」という説明で始まる。そして、南京大虐殺に的を絞り、事件の一連の経過を一一の部分に分けて展示している。

展示パネルや陳列品には、中国語のほかイギリス語と日本語の説明も付けられている。外国人、とりわけ日本人に南京大虐殺事件をしっかり理解してほしいという願いが込められているのだろう。日本語で表示されている一一の部分の表題を以下に示しておく。

第一部分　南京陥落前の中国情勢
第二部分　日本軍、上海から南京へ攻める
第三部分　日本軍の南京侵入と中国軍の南京防衛戦
第四部分　日本軍による南京での大虐殺
第五部分　日本軍による南京での強姦と略奪
第六部分　日本軍による南京での放火と破壊
第七部分　国際安全区も安全ではなかった
第八部分　日本軍による死体の損壊隠滅と慈善団体による遺体埋葬
第九部分　南京大虐殺の張本人である日本戦犯の審判
第一〇部分　南京大虐殺の歴史的証拠

第一一部分　前の事を忘れず、後世の戒めとなす（前事不忘后事之師）

記念館が建てられているのは、大量の犠牲者が埋められた江東門に近い辺りで、新館建設中の二〇〇六年四月二一日に工区内で新たに発見された南京大虐殺事件被害者の一九体の遺骨をそのままガラスで囲って保存し、展示してある。記念館の朱成山館長は、「新たに発掘された遺骸は歴史的価値があり、南京大虐殺を証明するとともに、記念館が建てられている場所がかつて虐殺の地であったことも証明された。大虐殺などなかったという日本の右翼勢力に対するなによりの反論です」と述べている。

南京大虐殺事件犠牲者の遺骨そのものの他、日本兵に虐殺された中国人の累々たる死体を記録する写真も大量に展示されている。これらの証拠や記録は、南京陥落後に集団虐殺が繰り返され、中国人を焼き殺したり溺れさせるなど個別分散の虐殺も数限りなく行なわれたという事実を冷酷に示している。また、事件当時の悲惨な情景を、生存者の証言などにより具体的かつ写実的に再現する展示も設けられている。前日の一二月一二日に夏淑琴さんの体験を人民大会堂で聞いたところだが、夏さんの家族七人を含め一一人が虐殺された現場である夏さんの当時の住居と虐殺の状況も実物大の模型に再現し展示されている。

夏さんに関しては、さらに現在の状況として、夏さんの名誉毀損裁判についても展示されている。また、平和法要訪中団には、「東史郎さんの南京裁判を支える会」の人たちが東史郎さんの遺影と共に参加しているが、加害側の日本軍兵士として南京大虐殺事件を直接体験した東史郎さんの証言や『東史郎日記』に関わる名誉毀損裁判についても、現在の状況として展示されている。(注一二)

ところで、南京大虐殺など日本の中国侵略で中国の人々がこうむった被害の実態を多くの一般の日本人が具体的に知るのは、一九七一年の朝日新聞の連載報道が初めてだったのだろう。この連載報道を担当したのはジャーナリストの本多勝一さん（当時、朝日新聞社記者）で、当時は日本と国交がまだ無かった中国で侵略被害者の中国人から本多さんは直接取材し、日本の中国侵略の実態をルポルタージュとして朝日新聞で報道した。(注七) 本多さんのこのルポルタージュは、当時の日本に深刻かつ大きな反響を引き起こした。そのとき本多さんが中国各地で取材に用いたカメラ・ネガ・取材ノート・ボールペン・写真帳や本なども新記念館に展示してある。

展示館一階の南京大虐殺に関わる展示の第一部分を抜けると、吹き抜けの広々とした明るい空間が広がり、そこに、「資料の壁」と命名された幅二〇メートル・高さ一二メートルの巨大な書架が設置されている。書架には、一万二八〇二名分の資料（記録）が収納されていて、その内訳は、犠牲者一万〇〇〇〇名、生存者二六六〇名、日本側の加害者一〇三名、保護者の外国人三九名の個人資料だ。犠牲者であれば、被害にあった日時や場所や状況が一人一人について記録されている。その個人資料を参観者は手にとって見ることができる。

巨大な書架が設置された部屋の壁には、「歴史は鏡であり、歴史の教訓を忘れてはならない」という書き出しで始まる結びの言葉が記されている。

その奥の、展示館一階の最後の部分に、「池」を備える部屋があり、その「池」に一二秒毎に水滴が落ちてくる。なぜか……。南京大虐殺では六週間で三〇万人が殺されたとすると、この間、一二秒毎に一人が殺されたことになる。この虐殺の情況を、一二秒毎に落ちてくる水滴が象徴的に示しているのだ。一二秒毎に水滴が落ちてくる部屋の先に長いエスカレーターがあり、二階の展示場へ導かれる。エスカレーターで上がったところに売店があり、『南京大虐殺図録』（日本語）と『南京大虐殺歴史証人の足形「銅版彫刻の道」アルバム』（中国語・イギリス語・日本語を併記）という二冊の書籍を三一〇元（約四六〇〇円）で購入する。

さて、二階の展示場には抗日戦争の全体像が展示してある。その第一部分「侵華日本軍の暴挙」では、一八九四年に始まる日清戦争で日本軍が引き起こした旅順大虐殺のことも、一万八〇〇〇人という虐殺者数を明示して展示されている。

このあと、第二部分「刻苦奮闘した一四年の『抗日戦争』」、第三部分「勝利の降伏受理」と続き、「新中国による日本人戦犯の改造」の項では写真一二枚と説明文二枚が並べられ、撫順戦犯管理所（注八）や中国帰還者連絡会（注九）のことが説明されている。

また、第五部分「平和を大切にし未来を切り開く」の展示の最後には、「半世紀余りたった今も、事実を改竄する者が後を絶たない。したがって南京大虐殺の歴史の事実を擁護することがますます大切になっている」と記述されているとのことだ。

一二時過ぎまで館内の展示を見学したが、午前中の見学はそれほど混雑することもなく、割合にゆっくり見ることができた。展示館から屋外に出ると、昼間の太陽は出ているが曇り空で、霧が少しかかったような感じだ。

新たに建て直された南京大虐殺記念館は午後から一般開放され、開館前から長い列をつくった地元市民らたくさんの人がつめかけたようで、午前中に犠牲者追悼式典が開催された集会広場には大勢の人が溢れ、展示館建屋の入口には長い行列ができている。そんな中で、展示館の出入口近くに設置された、三〇万人という犠牲者数を表示する大きな壁が目立っている。

後日の報道では、この日は八万人以上が南京大虐殺記念館の見学に訪れ、混乱を避けるため入場制限を行なったとのことだ。また、同じ日に、中国抗日戦争史学会などが主催する南京事件七〇周年国際学術シンポジウムが南京市内で開かれ、中日米仏などから参加した八〇人が南京事件に関する研究成果を報告している。

展示館の見学を終え南京大虐殺記念館の裏門から外に出たところで、ドイツの新聞記者から山内小夜子さんが取材を受ける。最初に、南京平和法要訪中団の組織や目的を受け答えしたあと、歴史問題が決着しないかぎり日中友好はありえないのではないかという記者の質問に対し、そのとおりだと山内さんは答え、次のように続ける。

> 東史郎という加害側の兵士と付き合い、加害者の苦悩を見てきた。しかし、被害者の苦悩はその何十倍にもなる。双方がお互いを理解し合わないと和解はありえない。

南京大虐殺記念館の周囲は、開館初日に記念館を訪れる人でとても混雑している。訪中団一行は、記念館裏門を出た辺りの混雑する中で、近くに待機していたバスに乗り込み、南京市内の中国第二歴史档案館のすぐ近くにある食堂・明故宮大酒店《みんこきゅうだいしゅてん》に移動する。

中華門

南京の中心部は長大な城壁に囲まれている。この南京城の城壁は、明の時代の一三八六年に二〇年の年月をかけ造られたもので、延長は三三キロメートルを超える。そして、城壁の高さは一四メートルから二一メートルで基礎部分の幅は一四メートル超、上部の幅は五メートル弱という中国第一の壮大なものだ。南京城城壁を築いた明の初代皇帝・朱元璋（洪武帝、一三六八年即位）は、建設資金の大半を当時の大富豪から借りた。そして、城壁の完成後、富豪の力を恐れる朱元璋はチベットの山中にその富豪を追いやったという。

現在の南京城城壁は、三三キロメートルのうち三〇キロメートルくらいは修復され、当初一三あった門のうち数カ所が今も残されている。そのうちの一つ・中華門は南京城最大の城門だ。他の門は一重だが、中華門は四重の門で構成され、四つの城門が並ぶ南北方向の長さは一二八メートルになる。さらに、新たに復元されたばかりの中華東門と中華西門が中央の四重の門の東西に並び、区切りが定かでないが東西方向は一〇〇メートル超ということらしい。中華門自体が単独で要塞と言えるほどの規模で、数千名の兵士を配置することも可能なようだ。

一三日の午後は中華門を見学することになり、明故宮大酒店《みんこきゅうだいしゅてん》で昼食を済ませたあと中華門に移動し、南京城の内側（城内）になる北側から中華門に入場する。

それぞれに櫓を備える同じ構造の門が手前（北側）から三つ並んでいて、各々の門の中央部にある釣鐘型の通路を通り三番目の門の南側に出る。ここから、一番外側（南側）に位置するひときわ大きい四番目の門が見える。ここで左（東）に向きを変え、三番目の門の南側に設けられた東に延びる階段を上り、門の上部に出る。あとは門の上部を南に進み、四番目の門に至る。なんとも壮大な造りで、中華門自体が一つの巨大な城のようだ。

四番目の門は、南側の城外から南京城に入城する際には一番手前の一番目の門ということになるが、これが一番巨大な門で、東西に延びる城壁と一体になり南京城城壁を構成する形になる。四番目の門の上には、サッカー場を設置することができるくらいの広い平面があり、かつては、鏑楼《てきろう》と呼ばれる三層の櫓がここに建てられていた。しかし、鏑楼は一九三七年に日本軍に破壊され、今はその面影もない。

それにしても巨大な門だ。南方には堀を隔てて南京城外の街並みが広がり、北方には南京城内の街並みが広がる。それを高いところから見下ろす形になる。北側に三つ並ぶ門の櫓も見下ろす形になる。南京城の内外を結ぶ現在の自動車道路は中華門の東側と西側にそれぞれ作られているが、自動車道路の上にそびえる中華東門と中華西門は、南京大虐殺から七〇周年のこの年（二〇〇七年）に復元されたばかりだ。

中華門の見学を終え帰路につくと、中華西門を通り抜け城外へ出て、すぐに中華東門をくぐり抜けて城内に戻る経路で、バスはぐるりと中華門を一回りしてくれた。

中華門
一番南側の門から二・三・四番目の門を見下す。

南京市青少年平和集会・燭光祭
小学生くらいの子どもたちも大勢が参加。

燭光祭

一二月一三日の夜は、南京市青少年平和集会・燭光祭《しょくこうさい》が南京大虐殺記念館で開催される。その燭光祭に出席するため、平和法要訪中団の二九名は記念館を訪ねる。

午後五時前の記念館の正門前は、開館初日に見学に訪れた大勢の人でまだごったがえしている。それで裏門に回ると、裏門側も多くの人で溢れている。その混雑する中を通り抜け裏門から記念館に入ると、この日の午前中に七〇周年犠牲者追悼式典が行なわれた集会広場の東寄りの位置に、南京市青少年平和集会・燭光祭の会場が設営されている。その集会広場正面の巨大な黒い壁面の前には、追悼式典で供えられた花輪がまだそのまま残されている。

平和法要訪中団が会場に着いたときには、小学生くらいの子どもたちも含め大勢の人々が既に会場に入場していて、それぞれが決められた位置に並んでいる。広い会場であり、数千名の人が集まっているように思う。

午後五時一〇分過ぎに重い音色の音楽が燭光祭会場に流れ、純白の衣装をまとう一人の韓国人女性（広島に住む在日の女性）による舞が始まる。会場に入場したときは薄明かりが残っていたが、この頃には辺りは闇に包まれている。女性一人による舞は一〇分ほど続くが、その様子を記録する大勢の報道関係者と多数のテレビカメラが舞台の前に殺到し、一般参加者からは女性の舞がほとんど見えないような状態だ。韓国人女性の舞が終わると、八人の代表者が紹介され、それぞれが舞台正面に花を供える。そのあと、記念館の朱成山館長が登壇し挨拶する。その後も何人かの挨拶が続くが、小学生くらいの小さい子どもたちも背筋を伸ばし立ったまま会場正面を見据え、真剣に話を聞いているようだ。少し緊張しているように見える子どもも少なくない。

何人かの挨拶の後、重い音楽が流れる中で、二〇名ほどのグループによる朗読劇が演じられる。この夜の月は新月だ。朗読劇が演じられている舞台の背後、多数の一般参加者が集う席からは左手前方の低い位置に、細い三日月状の新月が浮かんでいる。そして、集会広場での燭光祭式典は三〇分ほどで終了する。

燭光祭・「キャンドル行進」
池の方に向かう参列者。正面に「平和の搭」＝純白の母子像。

そのあと、燭光祭参加者がそれぞれローソクに火を灯し、ローソクの灯りを持って記念館の場内をぐるりと巡る「キャンドル行進」に移る。参加者は順々に集会広場から池に向かい、池をぐるりと一周する。池のほとりにある巨大な展示館の前に、ラッパを吹く解放軍兵士の像が設置されていて、展示館と共に橙色の照明が当てられている。

池の端には、「平和の搭」と名付けられた高さ三〇メートルもある巨大な母子像が天空にそびえ立っている。台座となる黒い塔の上に、左手で子どもを抱き、空に伸ばした右手に鳩を止まらせる母がすっくと立っている像だ。その三〇メートルという高さは、三〇万人という犠牲者数を象徴している。太陽が昇る東方を向く母子像には暗闇の中でまばゆい照明が当てられ、闇の中に輝くように純白の姿が浮かんでいる。また、平和の塔の正面にある階段は九段で、恒久（九）の平和を祈念する意味合いが込められている。巨大な新記念館に託す中国人民の願いを象徴するような純白の母子像に、歴史を忘れないという中国の決意を感じる。

燭光祭に参加した数千の人々が広い池と平和の塔を一回りし、ささげ持ってきたローソクを池の端や平和の塔の前に並べる。平和の塔の台座に小さなろうそくの灯を重ね、「和平」という大きな文字も作られる。それぞれの想いを込めたロウソクの小さな光が何千と集められ闇の中に浮かび上がる情景を静かに見つめる。南京大虐殺事件から七〇年目の一二月一三日の夜。その闇にローソクを灯し集う人の中に、小学生くらいの子どもたちも大勢いる。この子らの心にこの光景はしっかり記憶されるのだろう。「キャンドル行進」を終え、私たちは南京大虐殺記念館を後にする。記念館周辺には、帰路につく人々があふれている。その人たちそれぞれが平和への誓いを新たにしているのだろう。

夫子廟

宿泊しているホテルがある夫子廟の門前町は、昼間は大勢の人々が集い繁華街のにぎわいが目立つ。きらびやかな商店がずらりと並び、商店の色とりどりの看板と街路樹が混じり合う洒落た雰囲気の中を、大勢の人々が散策と買い物を楽しみ、若者の姿も多い。繁栄する中国経済や豊かな個人生活の一面をしっかりと示しているような街の情景が夫子廟門前町にあふれている。

その夫子廟の門前町に午後一〇時過ぎに訪中団の仲間と散策に出る。この時刻になると商店の多くは閉じていて、昼間ほどの人通りはさすがにないが、散策している人は少なくはない。私たちは、秦淮河《しんわいが》の運河沿いにあるお茶屋に入り、中国茶の香りと味をあれこれ飲み比べ楽しみながら、この日の想いや他のいろいろなことを語り合う。

ホテルに戻ると一二時近くになっていた。南京大虐殺事件から七〇年目の一二月一三日は長い一日だった。この日に南京で体験したことや見聞したことを整理し理解するのに長い時が必要なのだろうと思う。

無錫へ

一二月一四日の朝八時、南京市夫子廟にあるホテルから無錫《むしゃく》に向けて出発する。南京から上海に行く途中にある無錫《むしゃく》まで貸切バスで三時間の予定だ。

南京市街の高層アパート群の間に、霧でかすむ太陽が満月のように見える。この時刻の南京市内は朝の渋滞で道路は車で埋め尽くされているが、自転車は車道と歩道の間をすいすいと走る。交差点の交通信号は進行方向毎の矢印指示になっていて、矢印の標示と共に、待ち時間なり通行可能時間が秒単位で表示される。青信号の終わりころに三秒くらい点滅があり、そのあと黄信号が二秒、そして赤信号に変わる。

混雑する南京市街から郊外に出て、ホテル出発から三〇分ほどで料金所を通過し高速道路に入る。制限速度は乗用車が一二〇キロ、バスは一〇〇キロ、トラックは八〇キロで、片側四車線の高速道路をバスは快適に走る。しかし、天気はどんよりしていて太陽の光はにぶく、霧の中を走っているような感じだ。南京と無錫の間は平坦で大きな山はなく、水路や池が多い。池ではいろいろなものを養殖している。淡水の真珠というのも養殖されているとのことだ。

一〇時四〇分過ぎに無錫インターチェンジで高速道路を降り、無錫市街に入る。ここから一五分ほどで、無錫市郊外にある春雷村《しゅんらい》の役場に着く。

許巷虐殺事件の生存者の話を聞く

現在は春雷村と呼ばれるこの地は、かつて東亭郷《とうていごう》と呼ばれた農村内の一集落であった七〇年前に、上海から南京へ進撃する途上の日本軍により何かしらの被害を受けている。そして、その近隣の許巷《きょこう》という集落では、日本軍による大規模な集団虐殺事件が引き起こされていた。

平和法要訪中団一行は係員に案内され春雷村役場内の会議室に入る。三人掛けの机が二十数個並んでいるけっこう大きな部屋だ。ここで、許巷虐殺事件の生存者のうち二人が当時の話をしてくれることになっている。

会場ではまず最初に、春雷村村民委員会の陳主任から、許巷虐殺事件から七〇年の節目に許巷に来てくれたことを心から歓迎するとの挨拶があり、これから証言してくれる二人の許さん、許泉初《きょせんしょ》さんと許《きょ》玄祖《げんそ》さんが紹介される。

許泉初さんはややほっそりしていて、黒いジャンバーを着て紺色の帽子をかぶっている。許玄祖さんは少しふっくらしていて、こげ茶色のコートを着ている。二人の許さんの隣に、無錫のガイドの孔先進《こうせんしん》さんが座り、通訳を勤めてくれる。

許泉初さんの証言

二人の証言者のうち少しほっそりしている方の許泉初《きょせんしょ》さんは、父と兄二人の他、おじいさんやいとこも許巷虐殺事件で殺されている。春雷村役場内の会場で最初に許泉初さんが当時の体験を次のように証言する。

許巷惨案生存者の証言を聞く
許玄祖さん（左）と許泉初さん

私（許泉初さん）は今八〇歳で、一九三七年の（許巷虐殺）事件で父と兄二人を殺されたとき私は一一歳だった。

一九三七年一一月二四日（陰暦の一〇月二二日）に日本軍が許巷にやってきた。そして日本兵は、私の家の玄関をいきなり壊し、家の中に入ってきた。このとき私の家には、おじいさんと父母と兄二人と兄嫁、いとこ二人、隣家の三人など十数名がいた。

家に入ってきた日本兵は、六〇歳のおじいさんをいきなり五回も刺してまず殺した。隠れている他の人もすぐに見つけられ、脱穀場に連れて行かれ、そこで殺された。ヤンさんと許さんといとこと二人の兄などだ。二五歳の上の兄は頭を半分切られ、一八歳の二番目の兄は腰を刺され、それぞれ殺された。また、いとこは首を切られ、許さんも刺されて殺された。そして父も、寝台がある部屋から脱穀場に連行され、首を切られて殺された。こうして多数の人が殺害され、脱穀場は血の海になった。

私は家に隠れていたので、脱穀場などでの虐殺をまだ知らなかった。夕方になってから私の家が放火されたので、母が私を家から連れ出し田んぼに逃げた。そのとき母は銃弾で肩を負傷した。こうして、父と兄二人が殺され、母が肩をやられ、おじいさんもいとこも殺された。

結局、この事件（許巷虐殺事件）で全部で二二三名が殺され、そのうち九四名が許巷の人だ（他は、無錫市内から避難してきていた人など）。中には、一二名が殺された家族もある（許勝先さんの一家一六名のうち一二名が殺された）。当時の許巷には六三世帯が住んでいたが、そのうち五七世帯で誰かが殺された。殺された者がいないのは六世帯だけだ。

私はとても悲しかった。

許玄祖さんの証言

次に、少しふっくらしている方の許玄祖《きょげんそ》さんが、二人目の証言者として話してくれる。現在七三歳の許玄祖さんは事件当時はまだ生後二〇カ月で満二歳にも満たないので、大きくなってから祖父母や他の人から教えられたことなのだろう。

一九三七年に日本軍が許巷に来たとき、私（許玄祖さん）は三歳（かぞえ）。生まれて二〇カ月で、まだ乳を飲んでいた。

日本軍が村にやって来たとき、私の家族は家の中にいた。しばらくすると入口の扉を日本兵が蹴とばすので、おじいさんが扉を開けると、日本兵が入ってきて銃の柄の方でおじいさんをいきなり殴った。しかし、おじいさんは殺されずにすみ、その場から逃げた。

家の中に入ってきた日本兵は、隠れていた父を見つけ出し、脱穀場へ連れて行った。そして父を射殺した。銃声が聞こえたので、父が殺されたことが分かった。

母は、私を抱いて家の外へ出たところで、日本兵に銃剣で七回か八回胸を刺され殺された。このとき私は唇を刺された。母が殺されたのは午後四時で、それから私は、血まみれの母と一晩中いっしょにいた。

翌朝、日本軍が村を去ったあと、おじいさんが家に戻り私を見つけた。そして、安全なところに私を連れ帰り、そこで私の意識が回復した。おじいさんにとっては、息子と嫁が殺され、孫の私が重傷を負わされたということだ。

私は、血まみれの母のそばに一晩中いたので、血の海の中で目を痛め、目が痛くてたまらなかった。しかし、父母がいなくて病院で診てもらうこともできないまま、一週間後には片方の目（右目）が見えなくなった。それから一生苦労してきた。被害に対し補償してほしいと思っている。

以上のように許玄祖さんは話してくれた。

許巷虐殺事件

このあと、許泉初さんと許玄祖さんに日本の訪中団からあれこれ質問し、いろいろと答えてもらう。

そのやりとりを、戴国偉さんの補足説明も参考にまとめると、許泉初さんと許玄祖さんが語る許巷虐殺事件は次のようになる。

当時、許泉初さんと許玄祖さんは、無錫郊外の許巷という集落に住んでいた。許巷にはもともと中国軍も民兵などもいなかったが、許巷虐殺事件の少し前に中国軍が許巷にやって来て陣地を構えた。

その後、一一月二四日に東北方向から日本軍がやって来て、川の向こう側の北方に陣取り、川のこちら側の南方に陣取る中国軍と村の裏手で戦闘になる。日本軍がどれほどの陣容なのかは分からないが、飛行機も投入して戦う日本軍に中国軍は敗れ、その日のうちに中国軍は逃走する。許巷を脱出した中国軍は無錫に向かい、その後を日本軍が追う。その後、日本軍は南京に向かいさらに進撃することになる。

さて、中国軍が逃走し許巷から中国兵がいなくなったあと、その日の午後四時ころに日本兵の一部が集落にやってきた。この日本兵たちは、金品を奪うためでなく中国人を殺すためにやってきたとしか考えれない。家に隠れていたらだいじょうぶだと思ったが、家の中まで入って来られてはどうしようもない。

日本兵は、八〇歳以上の老人から幼い子どもまで男も女も殺し、子どもを川に投げ込んだりした。脱穀場に集められ機関銃などで殺されたのは一〇〇人くらいで、多数の犠牲者で脱穀場は血の海になる。

一家一六人のうち一二人が殺された許勝先《きょしょうせん》さんの家族の中に、日本留学から帰った息子がいて、この息子を頼りに三〇人から四〇人が許勝先さんの家に身を寄せていた。そして、日本帰りの留学生の立場で許勝先さんの息子が、悪いことをしないよう日本兵に頼んだが駄目だった。許勝先さんの家に身を寄せていた三〇人から四〇人はまとめて殺された。

これらは、家に隠れていた許泉初さんが直接見たことではなく、後になって周りの大人たちから聞いた話である。許泉初さんが自身で直接見ているのは、虐殺された後の大量の遺体だ。たくさんの中国人を日本兵が殺したのは一一月二四日のことで、その日は大勢の日本兵が許巷にやって来た。その後は、許巷がへんぴな田舎にあるので、日本兵が来ることはそれほど多くはなかったが、少人数の日本兵が時々やって来て、女性に暴行したりしていた。しかし、一一月二四日のように酷いことにはならなかった。

事件のあと、許泉初さんの家では田畑を耕す人がいなくなり、他の人に耕作を手伝ってもらう。この頃は、街に行って日本兵に会うと、礼をしないといけなかった。

結局、許巷虐殺事件では二二三名が殺害された。そのうち五七世帯の九四名が許巷の住民で、他の一二九名は他所から許巷に避難してきていた人たちだ。また、女性一九名が強姦され、その内四名は殺された。さらに、九四戸の家と一五〇畝《ムウ》（約一〇ヘクタール）の稲が焼かれた。近隣の他の村でも住民が殺されたり家が焼かれたりしているが、この周辺では許巷の惨劇が一番酷かった。

許泉初さんと許玄祖さんが体験した許巷虐殺事件はこのようなものだ。

春雷村役場で許泉初さんと許玄祖さんの証言を聞いたあと、役場から少し離れたところにある虐殺現場を訪ねる予定なので、一時間ほどで聞き取りを終える。

許巷惨案記念館

証言会場の春雷村役場を一二時頃にバスで出発し、五分ほどで虐殺現場の手前に到着する。すぐ先が、許巷と呼ばれる集落がかつてあったところだ。許巷惨案記念館を案内する、「愛国主義教育基地」と書かれた看板が立っている大通りの道路脇でバスを降り、畑の中の細い道を集落に向かい北に二〇〇メートルほど歩くと、現在の集落の南端になる辺りの道路東側に許巷惨案記念館がある。

許巷惨案記念館は、事件から七〇年目のこの年（二〇〇七年）の一一月二四日に竣工・開館したばかりで、一般公開されてからまだ三週間しか経っていない新しい施設だ。敷地は、東西方向も南北方向も共に四〇メートルくらいで、高さ二・五メートル程の白いコンクリート壁で敷地の外周は囲まれている。そして、細い道に面している西側入口の門に「無錫市錫山区愛国主義教育基地」と記されている。

西側の門から記念館構内に入ると、地表を白いコンクリートで固められた真新しい広場が広がっている。この広場の北西側に、「許巷惨案発生地」と刻まれた記念碑が設置されている。赤く染められた「許巷惨案発生地」の文字が鮮やかだ。植え込みに囲まれる北東側の一角には、高さ三メートル以上ある追悼碑が建てられている。追悼碑の正面は大きな文字で「遇難同胞紀念碑」と刻まれ、鮮やかな青色に文字は塗られている。追悼碑の裏面には、中国を侵略した日本軍が犯した歴史上の一事件を忘れないために碑を建てると冒頭に記され、その後に続けて許巷虐殺事件の概要が刻まれている。

記念館構内の南側には、幅二〇メートル・奥行き一〇メートルくらいの平屋の資料館が建てられている。その屋上には、許巷惨案紀念館という大きな文字が掲げられている。

記念館に入った平和法要訪中団の一行は、まず最初に追悼碑に花を供へ、その前で犠牲者追悼法要を勤める。この前日の一二月一三日に南京大虐殺記念館で行なった追悼法要で導師を勤めた真宗大谷派僧侶の森島憲秀師が許巷惨案記念館でも導師を勤め、訪中団のそれぞれがそれぞれの想いで参列する。春雷村村民委員会の関係者と共に記念館に同行してくれた許泉初さんと許玄祖さんも、訪中団が勤める追悼法要に参列してくれている。

法要のあと山内小夜子さんが、東史郎さんの所属部隊も許巷を通過していて、その時のことが東さんの日記に記載されている、殺された二二三名それぞれに生活があった、そのことを想い心に刻みたいと話す。そして、犠牲者に想いをはせ黙祷を行なう。日本からやって来た訪中団が行なう法要や黙祷の様子を、許泉初さんと許玄祖さんの他に、地元の村の人たち十数名が見守っている。

許巷惨案記念館での追悼法要
追悼碑の前で法要を勤める。奥の建物が資料館。

このあと、建物自体も展示資料も新しく作られたばかりの資料館を見学する。展示は、写真と解説のパネルが主体で、日本侵略当時の写真などと共に、許巷惨案で虐殺を免れた「幸存者」(生存者)の写真とそれぞれの体験が記述されたパネルも展示されている。この日の午前中に証言を聞いた許泉初さんと許玄祖さんも生存者として紹介されている。その二人は訪中団一行からひっぱりだこで、記念写真の撮影に応じたりしている。

許巷惨案記念館の参観を一時間ほどで終え、畑の中の細い道を南に歩き、太い道路の脇で待機しているバスに戻る。そして、昼食の食堂に向けバスは出発する。

現在のこの辺りの農家は、規定の請負分を支払った残りは自分の取り分となる「請負責任制」という制度が適用されている。しかし実態は、人を雇い耕作してもらっている豊かな農家が多く、万元戸で有名とのことだ。

昔は田畑ばかりだったが今はあちこちに工場も建てられている、かつての許巷の集落があった辺りからバスで五分も走ると、ビルが林立する市街地に入る。無錫市の新しい街を大々的に建設中とのことだ。

太湖から上海へ

一二月一四日の午後は、無錫の旅行社のガイド・孔先進《こうせんしん》さんの案内で観光名所の太湖を見物する。太湖の面積は二〇〇〇平方キロメートルで、日本の琵琶湖の三倍の広さがあり、中国で三番目に大きい湖だ。しかし、かなり浅い湖で、航路以外では座礁する恐れがあるので、漁船は列をなして航路を進む。太湖には一〇八種類の魚が生息していて、中でもシラウオは味がよいので有名だ。青魚は、体長一メートル半、重さ二〇キロにもなる。かつては魚がたくさん獲れたが、乱獲の影響で漁獲量が少なくなったので、現在は一年のうち半年は禁漁期間になる。

こんなふうに孔先進さんは説明してくれる。

その太湖に岬のように突き出した鼋頭渚にある公園を散策し、三本マストの帆船を模した動力船の遊覧船で太湖を周遊する。他の遊覧船にも大勢の観光客が乗船し、それぞれに太湖の周遊を楽しんでいる。穏やかな湖面を進む遊覧船から、政府の要人が利用する新旧の迎賓館が見える。

観光名所の太湖で遊んだあと、午後五時前に無錫を出発し、片側四車線の高速道路を通り上海に向かう。上海までの所要時間は、二時間に上海市内の渋滞分を加えた時間とのことだが、人口一六〇〇万人の大都会である上海の交通渋滞は相当のものだ。無錫からおよそ三時間二〇分かけ、一二月一四日の午後八時過ぎに上海市内の食堂にようやく到着する。

上海の西本願寺と本圀寺

中国やアジア各国を日本が侵略する時代に、日本の仏教界も少なからず侵略に加担している。たとえば、精神講話で僧侶が兵士を鼓舞し侵略戦争に駆り立て、軍隊に徴兵される若者と家族の心をなぐさめる。あるいは、従軍僧を侵略地に派遣し日本兵の死者を弔い遺骨を守るなど、日中戦争をはじめとする日本のアジア侵略に当時の仏教界も協力し、日本国民を侵略戦争に駆り立てている。アジアをキリスト教から守り、日本と中国とインドの仏教共栄圏を作るという考えもあったようだ。

上海では、一八七六年（明治九年）に東本願寺が上海別院を設立し、そのあと一九〇六年に東本願寺上海別院の近くに西本願寺も上海別院を建てている。今、上海に、東本願寺上海別院の建物は残っていないが、一九三一年に移転し新たに立て直された西本願寺上海別院の建物が残っている。

一二月一五日は、かつての西本願寺上海別院の建物を確認するため、宿舎のホテル・王宝和大酒店《おうほうわだいしゅてん》（上海市九江路五五五号）から上海旧市街の乍浦路《さほろ》に向かう。この日は土曜日で官庁などが休みなので、車の量は平日よりやや少ないとのことだ。その上海市街の街路樹で一番多いのはすずかけ（プラタナス）だが、落ち葉の処理が大変らしい。道路脇の歩道では、朝食を提供する屋台が元気に営業している。屋台の小さな調理場で手際よく作られる料理はとても旨そうだ。

九時過ぎに、上海市乍浦路四五五号にあるかつての西本願寺上海別院の建物前に到着する。九江路のホテルから三〇分ほどだ。高層ビルが林立する新しい上海とは趣が異なる、古い昔の姿を残す街並の中にその建物がある。この辺りは繁華街ということでもないが、人通りはけっこう多い。

一九三一年に西本願寺上海別院を現在の地に移転するとき、岡野重久の設計により新たに建造された建物は、築地本願寺を模したインド風の建築様式とも説明され、ヒンズー教寺院の様式が少し取り入れられているようだ。日本の寺院とは趣が異なるが、寺院らしい雰囲気はあり、一九九九年に上海市優秀歴史建築に指定されている。しかし、建物の入口は閉鎖されていて、現在は利用されていないようだ。

西本願寺のすぐ隣に、かつての本圀寺《ほんこくじ》の建物も残っている。こちらは、日本のどこにでもあるような寺院の面影があちこちに窺える建物だ。本圀寺の建物は、周囲の建物と同様に一般の住居として今は使われていて、庭に洗濯物が干してあるなど庶民の生活の様子が寺院の面影に自然に溶け込んでいる。突然訪れた日本人の見物客を、ここに住むおばあさんがニコニコしながら見守っている。

中国「慰安婦」資料館

西本願寺上海別院を確認したあと、上海市桂林路一〇〇号にある上海師範大学に向かい、四〇分ほどで東部キャンパスに到着する。樹木がたくさんあり、芝の広場もゆったりしている広い構内だ。その東部キャンパスに、基調となる壁面の赤茶色と窓枠などの白色との組み合わせが鮮やかな文苑楼という大きな建物があり、その地下に中国「慰安婦」資料館が開設されている。

文苑楼の入口で、上海師範大学教授で中国「慰安婦」問題研究センター主任の蘇智良《そちりょう》教授と数名の若い学生が平和法要訪中団一行を迎えてくれ、さっそく、文苑楼の地下にある中国「慰安婦」資料館に入場する。二〇〇六年八月に開館したばかりの新しい資料館で、韓国（ソウル）と日本（東京）に次ぐ世界で三番目の「慰安婦」資料館になるとのことだ。

日本に留学したことがある蘇《そ》智《ち》良《りょう》教授は日本語が堪能で、中国「慰安婦」資料館の展示場に入ると、日本軍の「慰安婦」制度についてさっそく次のように説明してくれる。

蘇智良教授／中国「慰安婦」資料館
世界で三番目の「慰安婦」資料館を上海に開設。

私（蘇智良教授）は、「慰安婦」問題の研究に一九九三年から取り組み、実態調査を一四年間続けている。ここでは、「慰安婦」あるいは「慰安婦」制度の歴史について説明する。

（第一次世界大戦に関与しドイツに宣戦布告し、ロシア革命に対する軍事干渉としてのシベリア出兵を強行するなど、大陸や南洋諸島に海外派兵を拡大する）一九一八年ころの日本軍は、どの部隊でも多くの兵士が性病に罹っていた。このため、日本軍指導部では、兵士の「安全」をどのようにして確保するのかが問題になっていた。このような事情を背景に「慰安婦」制度が誕生する。

一九三二年に日本軍は、海軍特別慰安所として四つの風俗店を上海に開設する。その中で大一サロンが有名だ。現在でも、大一サロンの五棟の建物がそのまま残り、富士山と琵琶湖の木彫りもそのまま残っている。（展示してある写真を指して）このおじいさんは、かつて大一サロンで働いていた人だ。

（注Ａ：日本軍の慰安所制度は中国で始められたことを蘇教授は明らかにしている。まず最初に日本海軍は、上海海軍陸戦隊に性サービスを提供するため、上海虹口地区にあった日本の妓楼を一九三一年一一月に海軍の特別慰安所とした。そのうちの一つが、現在の上海市東宝興路一二五号に開設された大一サロンで、大一サロンは海軍指定慰安所としてその後拡張される。大一サロンは、世界で初めて作られ世界で最も長く存在した日本軍慰安所である。）

第一次上海事変が始まると、岡村寧次（一九三二年二月から上海派遣軍副参謀長、後に中国派遣軍最高司令官）は関西地方で「慰安婦」団を組織し、上海に連れてきた。

（注Ａ：一九三二年末までに上海で開業した日本海軍の慰安所は一七軒あり、芸妓二七九人と「慰安婦」一六三人をかかえていた。これらの慰安所では、日本海軍の将兵が客となる。上海は、世界初の慰安所を日本軍が開設しただけでなく、慰安所が存在した期間も最長で、数も最も多かった。）

第二次上海事変以降に「慰安婦」制度は第二段階を迎える。南京大虐殺のあと、中国各地で日本軍は「慰安婦」制度を進めた。その結果、日本軍がいたところには、ほとんど例外なく慰安所が開設されたことが判明している。

（注Ａ：日本海軍は「大一サロン」の形態に満足し、上海で始めた慰安所制度を中国各地へ広めることにした。そして、南京大虐殺の前後から、それまで以上に急速に日本軍により中国各地に慰安所が作られた。日本軍の慰安所は、黒竜江・吉林・遼寧・内蒙古・山西・北京・河北・河南・山東・江蘇・安徽・江西・湖北・湖南・上海・浙江・福建・広東・雲南・貴州・海南・台湾・香港など中国のいたる所に存在していたことを蘇教授は明らかにしている。）

上海地区には慰安所が一四九カ所あったことが解明できていて、一四九カ所各々の記録が作られている。（注一〇）海南島には六十数カ所の慰安所があり、こちらも記録が作られている。

（注Ａ：一九三八年一月一三日には、上海派遣軍東兵站部司令部の管理下で上海の北東に楊家宅娯楽所が開業する。そして、日本と朝鮮の少女一〇四人が、楊家宅慰安所の最初の「慰安婦」に仕立てられた。その後、多くの外国籍の女性が、この戻れない道へ仕方なく足を踏み入れさせられる。日本軍が上海で経営した慰安所には、（一）日本軍直営、（二）中国に住む日本人と朝鮮人の経営、（三）漢奸（祖国を裏切った中国人）の経営となる主に三種類がある。上海には合計一四九軒の慰安所があり、「上海は、日本軍『慰安婦』制度が最も改良され、慰安所の数が最も多い都市だったと言える」と蘇教授は指摘する。）

太平洋戦争開戦後は、中国だけでなく、アジア各国とその周辺に慰安所は広げられていく。どれほどの「慰安婦」が戦場に連れていかれたのかという疑問があるだろう。その疑問に対し、吉見先生（注一一）ら日本の研究者や韓国の研究者の成果などから、「慰安婦」は全体で四〇万人になると答えることができる。そのうち二〇万人は中国人女性だ。ついで朝鮮人が一四万人から一六万人で、日本人は二万人くらいだ。あと他に、東南アジア各国の女性と欧州の白人などが「慰安婦」にされている。

「慰安婦」にされた中国人の被害者について中国各地で調査した結果、百数十人の被害者を確認できている。しかし、あれこれ知られたくないという気持ちが被害者には強く、被害者のそういう心情はよく分かるので、調査は困難を極めた。そうこうしているうちにも被害者は毎年亡くなっていく。

苦しい生活を強いられている被害者を少しでも支援するため、「慰安婦」にされていたことを法的手続きを踏まえて証明し、現在は、四六名の被害者に生活費を支給している。

（ここまで話したあと、蘇教授は展示資料の説明を始める）この展示室は仮のものであり、この部屋に資料は入りきらない。二年後には展示場を新しい建物に移す予定だ。

（手前の展示台の資料を指し）これは、南京に住んでいた元「慰安婦」雷桂営さんから届けられた手紙だ。この手紙を投函した二日後に雷桂英さんは亡くなった。私は雷さんを自宅に訪ねたことがあり、雷さんが慰安所から持ち出した消毒材が保管されていることがその時に分かった。水に溶かすと赤くなる消毒薬だ。慰安所から持ち出した薬品が見つかったのは、おそらく世界で初めてだろう。


　これは避妊具「突撃一番」で、在日華僑の朱弘さんから入手したものだ。奥の展示台にあるのは、被害者が使っていた身の回り品で、服装や帽子、纏足の靴、日本人経営の慰安所にあった火鉢などが展示してある。


「慰安所規定」は麻生徹男氏が撮影したもので、上海派遣軍東兵站部司令部が慰安所利用心得として定めたものだ。麻生氏は、当時の記録を本にまとめている。

（注A：麻生徹男氏は当時、第十一軍第一四兵站病院勤務の陸軍軍医・少尉で、「慰安婦」の健康診断を担当した。麻生氏が撮影した「慰安所規定」は、一九三八年一月に作られた上海の楊家宅娯楽所に掲げられていたもので、「一、本慰安所には、陸軍々人軍属（軍夫を除く）の外、入場を許さず。入場者は慰安所外出証を所持すること。……一、入場券の料金、左の如し。下士官・兵・軍属　金二円……一、入場（時間？）兵　自午前十時至午後五時　下士官軍属　自午後一時至午後九時……」などと記されている。麻生徹男氏の著書『上海より上海へ』[注一二]は、「慰安婦」関係の資料として貴重。）

ここまで説明し、蘇智良教授は一旦話を区切る。そのあと、訪中団員からの質問に蘇教授は次のように答える。

「慰安婦」問題に初めて向き合ったのは、（日本の）東大に留学していた一九九二年のことで、それまでは関心を持つことはなかった。一九九三年に中国に帰ってから研究を始め、それから六年後の一九九九年に、「慰安婦」問題を研究する中国で初めての学術機関・上海師範大学中国「慰安婦」問題研究センターを設立した。

「慰安婦」は強制されたのかそうではないのかと問われれば、「慰安婦」にされた人たちは騙されたり強引に連行されたことが明白だと断言できる。上海では、海軍から指示され慰安所を作っていて、慰安所跡は現在でもたくさん残っている。日本軍が主導したこれらの慰安所を、たんなる風俗店として扱うことはできない。

一方で、北京にも上海にもいわゆる風俗店というのがあったが、それは「慰安婦」問題の対象として扱わない。

いろんな境遇の「慰安婦」がいて、チップを貰っていた人が被害者の中にたまにいることも事実だ。しかし、中国と日本では情況が違う。中国では、多くの強制された被害事例が目立ち、一部の人は生命まで奪われている。二カ月前に話を聞いたおばあさんに、慰安所からなぜ逃げないのかと尋ねると、逃げれるような状況ではなかったと教えられた。

このように蘇智良教授から説明を受けたあと、資料館の展示を見て回る。地下室にある一〇メートル四方くらいの展示場は次の六つの部分から構成されている。

一.「従軍慰安婦」という制度の誕生　一九一八～一九三六
二.「従軍慰安婦」という制度の実施　一九三七～一九四一
三.「従軍慰安婦」という制度の拡大　一九四一～一九四五
四. 苦難の被害者
五. 賠償請求、裁判と犯罪に対する責任
六. 調査、現状と関心および愛

この六つの構成に沿って写真と解説のパネルがびっしり並べられ、「慰安婦」が使っていた生活用品や慰安所で使われていた物がガラスケースの展示台に収められている。被害体験を証言する元「慰安婦」の映像もテレビに流されている。これらの展示を見ながら、日本語の質問に日本語で蘇教授は気さくに答えてくれる。

また、資料館のパンフレットには中国語と日本語とイギリス語が併記してあり、次のような説明が記されている。

身元を公にした元「慰安婦」のうち二〇〇六年時点で生存している人が中国に四七人いることが、中国「慰安婦」問題研究センターの調査で判った。このように把握できた元「慰安婦」の多くは、貧困と病気に同時に苛まれる生活を送っているが、研究センターが中心になり二〇〇〇年から生活援助を始めた。幸いなことに、彼女らが外部から差別と冷遇を受ける状況は変わりつつある。彼女らが晩年を安らかに暮らすことができるよう祈り、そして日本政府に、「従軍慰安婦」という制度の被害者に一日も早く謝罪し賠償することを求める。

資料館の見学を一通り済ませたあと、蘇教授らが執筆し二〇〇五年五月に出版された『上海日軍慰安所実録』(注一〇)（二八元）を購入し、蘇教授に名前を記してもらう。『実録』には、上海に開設された一四九の日本軍慰安所それぞれについて調査結果が記されている。

中国「慰安婦」資料館訪問を終え、世話になった学生らにも礼を言い、上海師範大学を後にする。

（この項の「注A」を付けた注記は、蘇智良教授の『上海日軍慰安所実録』の出版を報じる二〇〇五年六月一七日の人民網日本語版記事を主に参照している。）

龍華寺

一二時前に、上海市除匯区《じょかいく》龍華寺二七八七号にある龍華寺に着く。桂林路一〇〇号の上海師範大学からバスで二〇分ほどだ。

上海の市街にある龍華寺は浄土宗の寺院で、一七〇〇年の歴史がある。日本の中国侵略との関わりもいろいろあり、例えば、一九三七年の第二次上海事変のときには「僧伽教護隊」を結成し難民を救済している。また、龍華寺で活動した円瑛《えんえい》法師や太虚《たいきょ》法師らは、戦争をやめるようにと記した書簡を日本の仏教徒に送っているそうだ。なお、龍華寺の本尊は戦争中に日本軍により焼かれている。

その龍華寺は上海でも大きい寺院とのことで、平日の昼間にもかかわらず、たくさんの人が参拝に訪れている。参拝者の中に、線香を持って祈りを捧げる人も多い。神様は空の上に住んでいるので、線香の煙に願いを乗せ天に伝えるという考え方があるのだそうだ。

龍華寺にある現代風の食堂で、昼食に「精進料理」を食べる。流行のバイキング形式の食堂で、「精進料理」という名前とは関係なく多種多様な料理が用意されていて、好きなものを好きなだけ食べることができる。昼食バイキングの料金は一三八元（二〇〇〇円程度）で、中国ではそう安い値段ではないと思われるが、たくさんの客が入り、店は繁盛している。龍華寺の「精進料理」はとても美味しかった。

龍華寺を参拝したあと、土産物を買ったり、昔ながらの上海の街並みを散策したりする。個人の小さな店や屋台の物売りがずらりと並ぶ商店街は、元気で陽気な人々が行きかい、そこを歩くだけで嬉しい気分になる。たくさんの種類の野菜を、それぞれカゴに山積みに並べる野菜売り。タライのような容器を幾つか並べ、生きた魚を売る魚屋。大きな肉のかたまりを並べ、切り売りする肉屋。米・麦・豆などを扱う穀物商。客の目の前で鉄板や鍋で調理し食べさせる食堂。多種多様な店が並ぶ商店街は、訪れる客の表情にも活気があり、たくましく生きる中国の人々の姿に触れることができる。たくさんの洗濯物が商店街に干してあるのも、何かほっとするような情景だ。こんな街をまた訪ねてみたいと思う。

帰国、中国の決意と日本人の歴史認識

そして、帰国のためバスで上海空港に向かう。そのバス車中での最後の挨拶で、今回の訪中で南京か

ら上海までずっと世話になった戴国偉さんは次のように話す。

南京大虐殺記念館の新館竣工と七〇周年犠牲者追悼式典に北京から大物が来るのかと思ったが、省のレベルの役職者に抑えた。北京の抗日戦争記念館竣工（一九八七年）のときなどと較べると、今回の抑制した対応は日本への配慮だと思う。記念館が再び拡張されることがないよう、中日の良好な関係が続くことを期待する。また会いましょう。

世話になった戴国偉さんと再会を約束し、一二月一五日夕刻の上海空港から中国東方航空機（ＭＵ七二九便）で日本の関西空港に向かう。

今回の中国訪問で、南京大虐殺事件から七〇年目の南京を訪ね、一二月一三日に挙行された南京大虐殺記念館新館の竣工式に出席するなど貴重な経験を重ねることができた。そして感じるのは、歴史の事実を決してうやむやにはさせないという中国の姿勢だ。

南京民間抗日戦争史料陳列館は二〇〇六年一一月に新設。ラーベの旧居は取り壊し計画が撤回され、ラーベと国際安全区記念館として新たに整備され、二〇〇六年一〇月に初めて一般に公開。そして、南京大虐殺記念館が大々的に拡張新装され、二〇〇七年一二月一三日に竣工・開館。南京の新記念館は途方もなく大規模な施設だ。さらに、無錫では、許巷惨案記念館が二〇〇七年一一月二四日に新設。そして上海では、中国「慰安婦」資料館が二〇〇六年八月に新設。

日本の侵略戦争による中国の被害と日本の加害という歴史事実を記録し、それを展示公開し啓蒙するこれらの記念館などが新設ないし大幅拡張されたのは、中国の抗日戦争勝利から六〇年余も過ぎた後のことだ。敗戦から六〇年を経ても侵略犯罪をうやむやにし加害責任を清算しないでいつづける非常識な日本に対する中国の怒りと警戒心を示していると受けとめざるをえない。無知で恥知らずの小泉や安倍を首相に据え、歴史改竄主義者のでたらめで非常識な嘘を首相が支えることを容認する恥ずかしい日本人に対し、そんな理不尽を許さないとする中国の姿勢は明白だ。

侵略加害の歴史事実をきちんと認め、反省し謝罪し、できるかぎりの補償を被害者に対し行なうことが日本には不可欠だ。そうしないと日本人は、中国やアジアの人々と心の通い合う真の友人にはなれない。中国を訪ね被害者に会い加害の現場を体験することで、このあたりまえのことを改めて思う。そして、あたりまえのことを総体としては理解できない日本人を恥ずかしいと思う。

南京平和法要訪中団事務局の山内小夜子さんは、「日本で語られる『反日』という言葉の薄っぺらさを感じます」と話し、帰国後の報告で次のように記している。「『反日感情』という言葉であらわされることがらのその背後には、南京市民の一人ひとりの家族の歴史があります。反・日本ではないのです。戦争や暴力に反対しているのです。そして、侵略戦争に反省のない日本に不信と憤懣やる方ない思いを持っているのだと思うのです」。

第二章　南京大虐殺から七〇年後の南京にて　注記

（注一）南京大虐殺については次の資料などを参照

本多勝一著『中国の日本軍』創樹社、一九七二年、九三頁
中国南京市文史資料研究会編、加々美光行・姫田光義訳『証言・南京大虐殺　戦争とはなにか』青木書店、一九八四年
洞富雄著『南京大虐殺の証明』朝日新聞社、一九八六年
下里正樹著『隠された聯隊史「20ｉ」下級兵士の見た南京事件の実相』青木書店、一九八七年
本多勝一著『南京への道』朝日新聞社、一九八七年
洞富雄・藤原彰・本多勝一編『南京事件を考える』大月書店、一九八七年
洞富雄・藤原彰・本多勝一編『南京大虐殺の現場へ』朝日新聞社、一九八八年
本多勝一編『裁かれた南京大虐殺』晩聲社、一九八九年
洞富雄・藤原彰・本多勝一編『南京大虐殺の研究』晩聲社、一九九二年
南京大虐殺の真相を明らかにする全国連絡会編『南京大虐殺　日本人への告発』東方出版、一九九二年
本多勝一著『本多勝一集第１４巻　中国の旅』朝日新聞社、一九九五年、二三九頁
小野賢二・藤原彰・本多勝一編『南京大虐殺を記録した皇軍兵士たち　第十三師団山田支隊兵士の陣中日誌』大月書店、一九九六年
本多勝一著『本多勝一集第２３巻　南京大虐殺』朝日新聞社、一九九七年
藤原彰著『南京の日本軍　南京大虐殺とその背景』大月書店、一九九七年
南京事件調査研究会編『南京大虐殺否定論１３のウソ』柏書房、一九九九年
本多勝一・渡辺春己・星徹著『南京大虐殺　歴史改竄派の敗北』教育史料出版会、二〇〇三年
朱成山編『南京大屠杀历史证人脚印「铜版路」图集』南京出版社（中国—南京）、二〇〇三年
笠原十九司著『体験者２７人が語る南京事件　虐殺の「その時」とその後の人生』高文研、二〇〇六年
笠原十九司著『南京事件論争史　日本人は史実をどう認識してきたか』平凡社、二〇〇七年

本多勝一著『南京大虐殺と日本の現在』金曜日、二〇〇七年
笠原十九司著『「百人斬り競争」と南京事件』大月書店、二〇〇八年
本多勝一・星徹・渡辺春己著『南京大虐殺と「百人斬り競争」の全貌』金曜日、二〇〇九年
（注二）東史郎さんについては次の資料などを参照
東史郎著『わが南京プラトーン　一召集兵の体験した南京大虐殺』青木書店、一九八七年
東史郎著『東史郎日記』熊本出版文化会館・情況出版、二〇〇一年
東史郎さんの南京裁判を支える会編『加害と赦し　南京大虐殺と東史郎裁判』現代書館、二〇〇一年
内山薫著『南京大虐殺記憶の暗殺　東史郎はなぜ裁判に負けたか』世界知识出版社（中国―北京）、二〇〇七年一二月一三日
（注三）夏淑琴さんについては次の資料などを参照
洞富雄・藤原彰・本多勝一編『南京大虐殺の現場へ』朝日新聞社、一九八八年、一九一頁
本多勝一・渡辺春己・星徹著『南京大虐殺　歴史改竄派の敗北』教育史料出版会、二〇〇三年、一四六頁
（注四）ジョン＝ラーベ著　エルヴィン＝ヴィッケルト編　平野卿子訳『南京の真実』講談社、一九九七年
（注五）戦後補償裁判などについては次の資料などを参照
中国人戦争被害賠償請求事件弁護団編『砂上の障壁―中国人戦後補償裁判10年の軌跡』日本評論社、二〇〇五年
田中宏・中山武敏・有光健・他著『未解決の戦後補償―問われる日本の過去と未来』創史社、二〇一二年
（注六）樋口浩造・西井麻里奈著『証言：日中戦争下南京の日本軍慰安所　松下富貴楼・土地所有者の記憶　解説及び注記』愛知県立大学日本文化学部論集（歴史文化学科編）第五号、二〇一四年三月
（注七）朝日新聞に連載された記事は後に単行本にまとめられ、『中国の旅』として出版された。①本多勝一著『中国の旅』朝日新聞社、一九七二年　②同名の文庫本　朝日新聞社、一九八一年　③本多勝一著『本多勝一

集第14巻—中国の旅』朝日新聞社、一九九五年

(注八) 撫順戦犯管理所については次の資料などを参照

劉家常・鉄漢著『日偽蔣　戦犯改造紀実』春風文芸出版社(中国—瀋陽)、一九九三年

新井利男・藤原彰編『侵略の証言—中国における日本人戦犯自筆供述書』岩波書店、一九九九年

新井利男資料保存会編『中国撫順戦犯管理所職員の証言　写真家新井利男の遺した仕事』梨の木舎、二〇〇三年

撫順戦犯管理所編『日本戦犯再生の地—中国撫順戦犯管理所』五洲伝播出版社(中国—北京)、二〇〇五年

岡部牧夫・荻野富士夫・吉田裕編『中国侵略の証言者たち—「認罪」の記録を読む』岩波書店、二〇一〇年

(注九) 中国帰還者連絡会については次の資料などを参照

中国帰還者連絡会・新読書社編『侵略　中国における日本戦犯の告白』新読書社、一九五八年初版、一九八二年新版

中国帰還者連絡会編『帰ってきた戦犯たちの後半生—中国帰還者連絡会の四〇年—』新風書房、一九九六年

中国帰還者連絡会広島岡山支部編『転落と再生の軌跡　中国戦犯は如何に生きてきたか　中国帰還者連絡会広島岡山支部50年の歩み』私家本、二〇〇三年

星徹著『私たちが中国でしたこと—中国帰還者連絡会の人びと—増補改訂版』緑風出版、二〇〇六年

(注一〇) 蘇智良・他著『上海日軍慰安所実録』上海三聯書店(中国—上海)、二〇〇五年

(注一一) 吉見義明さん、中央大学教授。次の著書などを参照。

吉見義明著『従軍慰安婦』岩波書店、一九九五年

吉見義明・川田文子編著『「従軍慰安婦」をめぐる30のウソと真実』大月書店、一九九七年

吉見義明著『日本軍「慰安婦」制度とは何か』岩波書店、二〇一〇年

(注一二) 麻生徹男著『上海より上海へ　兵站病院の産婦人科医』石風社、一九九三年

第三章　ソ満国境地帯に関東軍要塞群を訪ねる

ハイラル（海拉爾）再訪

　間もなく着陸の時を迎える中国四川航空三U八九三九便の窓から、内蒙古自治区北部の中心都市・ハイラル（海拉爾）の町並が鮮明に見える。白っぽいビルが建ち並ぶ市街地、ハイラル市街の中心部を南北に流れる伊敏川《いびんがわ》、伊敏川に架かる幾つかの橋。豊かな緑の樹林の中にたくさんの池が点在する公園も手に取るように見える。そして間もなく中国四川航空機は、ハイラル市街の東方に位置するハイラル（ホロンバイル）空港に着陸する。

　二〇一二年八月二四日の午前一〇時、こうして私は一二年振りにハイラルにやってきた。私にとって二回目のハイラル訪問になる。

　私が初めてハイラルを訪れたのは一二年前の二〇〇〇年五月のことで、日中平和問題調査団の一員としてハイラルを訪れ、関東軍ハイラル要塞や、ハイラル要塞建設工事の強制労働で死亡した中国人労工が捨てられた人捨て場である沙山万人坑を確認した。また、ハイラルからモンゴル国境地帯に足を伸ばし、ノモンハン戦争が戦われたノモンハンも訪ねた。（注一）

飛行機から見るハイラルの街並
伊敏川が南北に流れ、両岸に市街地が広がる。

一方、今回の私は、「万人坑を知る旅」訪中団の一員としてハイラルを再訪する。この「万人坑を知る旅」訪中団というのは、日本の市民団体「撫順《ぶじゅん》の奇蹟を受け継ぐ会」（注二）関西支部代表の野津加代子さんが主管する訪中団で、中国各地に現存する万人坑（人捨て場）を訪ねるため組織され、今回が四回目の訪中になる。ちなみに、二〇〇九年の第一回は中国東北地方南部の遼寧省、二〇一〇年の第二回は東北地方中央部の吉林省、二〇一一年の第三回は東北地方北部の黒龍江省を訪ね、各々の地に現存する万人坑を調査し、日本が中国侵略で犯した中国人強制連行・強制労働を中心に、日本による侵略犯罪の実態を確認している（注三）。

今回の第四回「万人坑を知る旅」訪中団は、内蒙古自治区ハイラルにある関東軍ハイラル要塞と沙山万人坑を確認することを主たる目的の一つとしている。その他に内蒙古自治区ではノモンハンを訪ね、その後、黒龍江省北部にある関東軍孫呉要塞や黒河要塞などを確認することにしている。

第四回「万人坑を知る旅」訪中団

二〇一二年八月二三日の夕刻に関西空港に集合した第四回「万人坑を知る旅」訪中団一行は、午後九時頃に中国南方航空CZ六三二便で関西空港を発ち、中国時間で午後一一時過ぎにハルピン空港に到着する。その日はハルピン空港に隣接するホテルに泊まり、翌日の八月二四日八時五〇分発の四川航空三U八九三九便でハルピン空港を発ち、冒頭に記したように午前一〇時にハイラル空港に到着した。

今回の訪中団には、第三回「万人坑を知る旅」訪中団でも世話になった、ハルピン市社会科学院七三一研究所特聘研究員の宋吉慶《ソンジーチン》さんが全行程に同行し解説役を務めてくれる。宋吉慶さんは二〇〇九年まで東寧県文物管理所所長の職にあり、東寧要塞を初めとする関東軍要塞群の調査・研究で多大な実績を残す歴史研究者だ。[注四] 要塞建設工事における中国人強制連行・強制労働や万人坑（人捨て場）について膨大な知識を持ち、万人坑と関東軍要塞群を訪ねる今回の訪中団で解説役を務めてもらうにはうってつけの研究者だ。二〇〇九年に東寧県文物管理所所長を定年で退職したあとハルピン市社会科学院に招聘され、現在はハルピンで暮らす宋さんとは八月二四日の朝にハルピン空港で顔を合わせ、四川航空機でいっしょにハイラルにやって来ている。

あと、今回の訪中を手配し、訪中団の全行程に同行し通訳を務めてくれるのは、ハルピンにある黒龍江省新世紀国際旅行社の房若林《ファンルオリン》さんで、房さんも「万人坑を知る旅」訪中団が二年続けて世話になる人だ。房さんは、日本における中国の戦後補償裁判で弁護団の通訳を務めるなど日中間の近現代史に詳しく、加えて流暢で正確な日本語を話すので、案内人あるいは通訳として申し分のない人だ。

大草原の街・ハイラル

内蒙古自治区北部の草原のただ中にあるハイラルは、一二年前はホロンバイル盟という行政区の中のハイラル市という位置づけだったが、現在はホロンバイル市という行政区の中のハイラル区と位置づけられている。面積一四四〇平方キロ、人口三〇万人のハイラル区にはホロンバイル市の人民政府が置かれ、この地方の政治・経済・交通・通信などの中心になっている。（注五）

一方、ホロンバイル市は面積二六万平方キロ、人口二八〇万人とのことだが、面積はイギリスの総面積二四万平方キロより広く、日本の総面積三八万平方キロの三分の二にもなる。この広大な大地に人口がわずか二八〇万人ということで、日本とは別世界だ。人工の大型構造物が一切無い、地平線のかなたまで果てしなく広がる大草原に遊牧民が羊を追って暮らす様子を容易に思い浮かべることができるだろう。

さて、黒龍江省の省都・ハルピンから西に六〇〇キロ、大興安嶺山脈を越えハイラルの東山空港に着陸した私たちは、二〇分後には迎えの貸切バスに乗り、空港からハイラル市街に向かう。ハイラルで過ごす三日間は、地元の満州族の女性ガイド・銭明輝《チェンミンフイ》さんが同行し案内してくれる。そして、バスの運転手のウオさんはダフール族とのことだ。二人とも少数民族の人だが、ハイラルは、モンゴル族・漢族・回族・エベンキ族・オロチョン族・ロシア族など二六の民族が暮らす街で、一七三四年に町ができてから三〇〇年近い歴史を刻んでいる。

そのハイラル市街の中心部を伊敏川《いびんがわ》が南北に流れ、川の東側の川東区は官庁街、川の西側の川西区は旧市街や地下商店街もある繁華街ということだ。空港から一〇分もしないうちに、緑色の屋根が特徴的なホロンバイル市人民政府庁舎がある官庁街に至り、じきに伊敏川を渡り、繁華街のただ中にあるホテルに到着する。空港からここまで十数分だ。

「侵華日軍要塞研究所」・徐占江所長

ホテルの近くの食堂で昼食を食べたあと、三キロか四キロ先にある河南台のハイラル要塞にバスで向かう。そして、ハイラル要塞河南台陣地の駐車場に、私たちのバスと徐占江《シュージャンジアン》さんの四輪駆動車が午後一時半ころ同時に到着し、すぐに徐さんと顔を合わせる。徐占江さんはこれから河南台陣地を案内してくれる専門家だが、私と徐さんは一二年振りの再会だ。再会を喜び合い徐さんと肩を抱き合う。

一二年前のハイラル訪問時にも私は徐さんにお世話になり河南台陣地を確認しているが、その時は、河南台陣地がある丘陵にはただただ草原が広がるばかりで、広大な草原の中に巨大な対戦車用塹壕が延々と続き、破壊された要塞のコンクリートの塊（残骸）が草原のあちこちにただころがっているばかりだった。(注一)

あれから一二年後の現在はというと……、何十輌もの巨大な戦車の実物大模型とソ連兵を模擬した多数の等身大の人形が河南台陣地がある丘陵に配置され、ソ連軍がハイラルの日本軍を攻撃してきた時の情況が再現されている。そして巨大な記念館が建設され、参観者用の広大な駐車場には商業施設としての大型の売店が開設されている。ハイラル要塞河南台陣地は、抗日戦争を戦っていた当時の中国の姿を現在の中国人民に伝える愛国主義教育基地として整備されているのだと思うが、第一印象は巨大な観光施設という感じだ。

さて、一二年ぶりに再会した徐占江さんだが、現在はハルピン市社会科学院ノモンハン戦争研究所所長と同院「侵華日軍要塞研究所」所長を兼務し、中国共産党ホロンバイル市委員会「ホロンバイル市要覧」編集部主編も務めている。

砂に埋もれたハイラル要塞河南台陣地を掘り起こして「満州国」当時の状態に戻し、巨大な資料館を新設し、ソ連軍の攻撃を河南台の丘陵に再現させるなどしている一連のハイラル要塞記念館整備事業は、徐さんが責任者として全体を計画して二〇〇七年に着工し、二〇〇八年に竣工させ、一般に公開された。政府要人が視察に訪れる時は、二〇〇名くらいの人が当時のソ連兵などに扮装し、ハイラル要塞攻撃戦の様子を再現してみせたりするそうだ。現在は「4Aクラス」の観光地に指定されていて、たくさんの人が見学（観光）に訪れる。

こんな話を徐さんから聞きながら駐車場から記念館に向かう。

世界反ファシズム戦争ハイラル記念館

徐さんに案内されてやって来た記念館施設全体の入口には「世界反ファシズム戦争ハイラル記念館」と中国語で大きく表示され、巨大な戦車の実物大の模型が展示されている。この入口から入場すると、すぐに四五段の階段がある。四五段は、抗日戦争に勝利した一九四五年の年号を表現しているとのことだ。

四五段の階段を上がると石畳の広大な広場があり、ソ連とモンゴルと中国の三カ国の兵士が勝利を喜び合う像が広場の中央に建立されている。像の高さは一八メートルある。

そして、この像の脇を通り、広場の奥にある資料館に向かう。この辺りには高い建物を建てることはできないということで、半地下式の構造で資料館は建設されている。

その入口から資料館に入場すると最初にある大きな部屋の中央に、「勿忘（忘れるなかれ）１９３１

―1945」と刻まれる白い彫像が設置されていて、電子機器をふんだんに活用する近代的な展示と共に、日中戦争当時の銃や刀などが周囲に並ぶ。この入口の大きな部屋から、地下要塞の建設現場を模擬する順路を通り抜け次の展示室に進む。そのあと順々に続く展示室に、ハイラル要塞建設工事の状況、要塞建設工事で強制労働を強いられた中国人労工の苦難、ハイラル要塞の構造、ハイラル要塞全体の立体模型、日中戦争の歴史と当時の写真、銃や砲弾など実物の武器、ソ連軍の戦闘などさまざまな資料が展示されている。

これらの膨大な資料を見ながら徐さんから説明を受ける。この時に徐さんから聞いた話も含め、関東軍ソ満国境要塞群とハイラル要塞について次項と次々項にまとめておこう。

世界反ファシズム戦争ハイラル記念館
入場門に巨大な戦車。門の内側から、駐車場と売店を見る。

関東軍ソ満国境要塞群

一九三一年九月一八日の柳条湖事件を口実に中国東北部全土への侵略を公然と開始した日本は、一九三二年三月には傀儡国家「満州国」をでっちあげ、東北部全土を占領し支配する。さらに、ソ連による国境要塞の建設に対抗し、「満州国」の国境警備と対ソ戦争への備えを強化するため、対ソ作戦上の戦略要地に軍事要塞群を構築することを一九三三年に決定し、ソ満国境線に沿う大規模な要塞群の建設を一九三四年に開始する。

ソ満国境線における要塞群の構築はおよそ三つの工程に分けることができる。そのうち一九三四年に開始した第一期工程は、東寧《とうねい》・綏芬河《すいふんが》・半截河《はんせつが》・虎頭《ことう》・瑷琿《あいこん》・黒河《こくが》・ハイラルなどで進められ、一九三七年末には第一期予定分の大半が完成する。建設工事がやや遅れた虎頭要塞も一九三八年春には基本的に完成する。これらの、黒龍江省東部の東寧から内蒙古のハイラルに至る各国境要塞に第一から第八までの番号を関東軍は付与し国境守備隊を駐屯させ、特に重要な戦略地区では築城（建設）部隊をさらに追加し、引き続き要塞施設の増強を進めた。

　第一期に続けて開始した第二期工程では琿春《こんしゅん》・綏芬河《すいふんが》・密山《みつさん》・黒河《こくが》などで要塞構築を進め、一九三九年には工事をほぼ完成させ第九から第一四の番号を付与する。さらに、一九四〇年以降に第三期工程として三江《さんこう》・富錦《ふきん》・鳳翔《ほうしょう》などに野戦陣地を構築し、もとからの序列により鳳翔を第一四国境守備隊に編入する。その後も、要塞構築に関わるさまざまな土木建設工事が、一九四五年の日本敗戦まで東北部の各地で続けられた。

　こうして関東軍は、一四カ所の主要な要塞群をソ満国境沿いに構築する。要塞群の設置範囲は、東は吉林省（現在の延辺朝鮮族自治州）の琿春から黒龍江省を経て内モンゴル（現在の内蒙古自治区）のハイラルなど西方の戦略要地まで数千キロにおよぶ。[注六][注七]

　この、長大なソ満国境沿いの軍事要塞群の構築に連動し、空港・鉄道・道路・橋・トンネル・倉庫・兵営・病院などの関連施設も同時に建設された。このうち、鉄道建設の主な狙いは、「満州国」東部および北部のソ満国境沿いの軍事作戦を兵員や物資の輸送という物流面から支えることであり、一九三三年末から一九三七年までの間に、総延長三六〇〇キロの第二次線と第三次線を満鉄は建設する。それ以降も、綏寧《すいねい》と興寧《こうねい》の二本の幹線を連結し濱綏《ひんすい》と図佳《ずか》の二路線を開通させるなど、牡丹江《ぼたんこう》を中心とする東部国境鉄道網の整備を進め、対ソ軍事作戦を見すえた輸送能力を強化する。また、軍用飛行場だけでも四〇〇カ所以上が造られ、全ての国境要塞など主要地区に空港機能が整備された。(注六)

ところで、これらのソ満国境軍事要塞群や関連施設の土木建設工事を遂行するため三二〇万人余の中国人を日本が徴用し、衣食住全てに劣悪な条件の下で過酷な労働を強制し、一〇〇万人余を死亡させたという事実がある。(注八) これらの土木建設工事を強制された中国人労工について宋さんは次のように解説してくれる。

まず、要塞など軍事施設の建設工事には、一般農民などをだましたり、捕虜を特殊労工として徴用するなどで華北以南の遠方から連行してきた中国人を労工として利用した。そして、要塞工事に従事させられた中国人労工はほぼ全員が死亡している。宋さんも生存者の存在を知らない。

鉄道や道路の建設など関連施設の土建工事には、「満州国」内から労工を集め、勤労奉仕という名目のただ働きを強制した。「満州国」の農民らは最初は半年とか一年の約束で勤労奉仕に担ぎ出されるが、奉仕期間は有無を言わさず延長される。勤労奉仕の労工に対し、日本が太平洋戦争に入る前はある程度の食事は確保されたが、太平洋戦争に入ると食事は悪化し、満足に食べることができなくなる。そして、途中で病気になるなどで死亡する人もいた。

日本の中国侵略、あるいはソ満国境の関東軍要塞群について考えるとき、この事実から目をそらすことは許されないことを加害者の日本は自覚しなければならない。

ハイラル要塞

「満州国」の西方から進軍してくるソ連軍にも対峙しなければならない関東軍にとって、「満州国」の西端に位置する内蒙古自治区北部のホロンバイルは戦略上の要地であり、ホロンバイルに強固な要塞を構築することは重要な課題であった。

しかし、見通しの良いホロンバイルの草原のただ中に要塞を造っても、すぐにソ連に知られてしまう。そういう状況の中で、大興安嶺山脈西麓の低山丘陵とホロンバイル高原の間にある海抜七〇〇メートル前後の草原地帯に位置する古くからの町・ハイラルに要塞が造られることになる。この辺りのなだらかな草原地帯の中では起伏が比較的険しい丘陵がハイラル周辺にあるからだ。

現在のハイラル市街地の北方をハイラル川が東から西に流れ、ハイラル川の支流の伊敏川が市街地中心部を南から北に流れハイラル川に合流する。そのハイラル川の北方および伊敏川の東西に広がる現在の市街地を取り囲む周辺の丘陵で、ハイラル要塞建設の第一期工事が一九三四年六月に開始され、敖包《ごうほう》山《さん》（北山）・河南台・松山（南山）・東桜台（東南山）・伊東台（東山）の五カ所の主要な永久性陣地と共に多数の野戦陣地が構築される。

ハイラル要塞建設の第一期工事は一九三七年末に完成し、関東軍第八国境守備隊が配置されるが、要塞建設の付随工事は日本の敗戦直前まで続けられ、五カ所の主要な永久性陣地の他に二三カ所の野戦陣地が構築され、さらに別に五カ所の普通野戦陣地も設置されることになる。ソ満国境に十数カ所造られ

ハイラル要塞配置図

出典：『日本関東軍要塞』（注九） 515 頁

た関東軍要塞群の中で最も西側に位置するハイラル要塞は対ソ戦略上の重要な拠点になる。また、関東軍要塞群の中で、町の中にあると言ってよい唯一の要塞だ。（注九）

第八国境守備隊の司令部が置かれる河南台陣地は、ハイラル川の南側、伊敏川の西方の、現在のハイラル市街の北西方向にある丘陵地帯に構築された。河南台陣地も他の主要陣地と同様に地上施設と地下施設を組み合わせて構成され、地上には、トーチカ・塹壕・対戦車塹壕が張りめぐらされ、付属の飛行場も整備される。そして地下には、地表から十数メートルもの深い位置に大規模な基地施設が造られた。

その河南台地下陣地の総建築面積は一万平方メートルで、そのうち総延長が四二〇〇メートルになる通路の建築面積が五〇〇〇平方メートル、五五室ある部屋の建築面積は三六〇〇平方メートルになる。この辺りの土壌は砂地で地下を掘り易いということもあり、このような広大な地下陣地を造ることができたのだ。地下陣地のうち指揮官室や通信室や兵舎（寝室）など主要施設の多くは河南台東部の東区と河南台西部の西区に集中して配置されており、東区と西区は一六〇〇メートルの地下通路で連結されている。

また、地上から地下陣地への出入口は、四カ所の竪坑を含め二〇カ所ある。そのうち、出入口から地下陣地の床面までが一番深いのは西区七号入口で、地表入口から高さ二〇メートルの九六段の階段を経て深さ一九・二メートルの地下通路に至る。この西区七号入口は海抜六七六メートルの位置にあり、河南台の中で標高が最も高いところになる。

現在、一般の観光客向けに開放され見学できるのは、「世界反ファシズム戦争ハイラル記念館」が開設されている西区にある地下陣地だ。西区には、指揮官室・通信室・兵舎（寝室）・医務室・便所・炊事室・食料庫・発電室・油糧庫・弾薬庫など一二種類の二五室、総建築面積一二〇〇平方メートル余の部屋が造られている。各部屋の幅は二・六メートル、高さは二・八メートルでほぼ統一されている。しかし、長さ（奥行き）はまちまちで、一〇メートル弱から四〇メートル弱までいろいろある。ただし、通信室の二室だけは少し小さめで、長さは四メートル弱だ。

これらの部屋が並ぶ主要通路の長さは四〇〇メートルあり、付属の側道九三〇メートルと併せ、西区の通路総延長は一三〇〇メートルになる。これらの地下通路は、高さ一・八メートル、最大幅一・八メートル、底部幅一・四五メートルの卵型断面で構築され、底部の両側に排水溝が設けられている。

また、西区には、出入口八カ所の他に堅坑一カ所と観察指揮所一カ所が設置され、そのうち七号入口から地下陣地の床面までは深さ一九・二メートルあり、河南台陣地で一番深いことは先に記した通りだ。

このように、ソ満国境地帯に造られた関東軍要塞群の中でも屈指の地下陣地を備えるハイラル要塞だが、戦闘の役には立たなかった。日本全体の戦況の悪化に伴ない二三師団が南方戦線に移動し、その後に編成された一一九師団も興安嶺に去り、臨時に召集された六〇〇〇名の素人混成部隊だけが最後にハイラルに残される。大砲などのほか機関銃さえも南方戦線に持ち去られたハイラルの日本軍に戦う力は残されていなかった。八月九日にソ連が参戦するとハイラルの日本軍は地下にこもり抵抗したが、八月一八日に降伏する。八月一五日の日本の敗戦から三日後のことだ。

日本軍が降伏した後、ハイラル要塞を占拠したソ連軍部隊は要塞施設の破壊を司令部から指示されるが、地表に出ている地下要塞の入口部を地上の要塞施設と共に申し訳程度に壊すだけで任務は完了したと報告し、そのまま引きあげてしまった。そのため、ハイラル地下要塞のほとんどが今もそっくり残っている。

河南台地下陣地を歩く

さて、「世界反ファシズム戦争ハイラル記念館」資料館のたくさんの展示室を徐占江さんの案内と解説で見て回ったあと、いよいよ次は、日本による中国侵略の事実をそのまま残している河南台地下陣地に向かう。その際、地下陣地内の気温は二度から四度程度で夏でも寒いので、資料館内の一室に備えてあるふかふかの防寒服を身に着ける。

資料館建屋内にある地下陣地入口の手前には、ハイラル要塞建設工事で死亡した中国人労工の遺骨が展示してある。その遺骨展示場の先に地下陣地の入口がある。資料館建屋内にあるその入口は「六号洞口（入口）」で、解説板に次のように記してある。

「六号入口／河南台陣地の西北部に位置し、地面から下向きに八八段の階段と三段の床面を経由して地下陣地の底の幹線通路に至る。斜面の深さは一七・六メートル。階段の横幅は一・二メートルで各段の前後長は三〇センチ、高さは二〇センチ。元の入口は爆弾で破壊されたが、その後で修復して鉄の門を設置し、地下陣地を参観するための出入口にした。地下陣地の出入口は日本軍の重要拠点で、砲台・機関銃台・観測用竪坑（観察指揮所）などが備えられていた。」

この六号入口から八八段の階段を降り、三段の床面を先に進むと三叉路に至る。関東軍部隊が配備されていた当時はここに鉄の扉が設置され、扉の横に設けられた小窓から入口方向に向け機関銃が備えられていた。

この三叉路を左手に進むと、長い地下通路を経て、四キロ先にあるハイラル駅に至るとのことだが、私たちは右手の幹線通路に進む。通路は高さも幅も十分に余裕があり、滑らかなコンクリートで固めてあるので、歩き回るのに何の支障もない。

河南台地下陣地の通路

総延長 4200 メートル。幅も高さも十分にあり歩きやすい。

幹線通路を進むと両側に部屋が続く。それらの部屋の幾つかには、当時の情況を再現する小道具が設置されている。例えば医務室であれば、枕が載っている診察台や、薬ビンが幾つか置かれる机と椅子が設置されている。通信室には、長い机に電話機（無線機？）数台が置かれている。指揮官室には、指揮官用の立派な机が備え付けてあり、「武運長久」と墨書きが加えられた日の丸の旗が背後の壁面に貼り付けられている。指揮官用の寝台も備えられているが、布団はけっこう厚いフカフカのものだ。兵員の寝室は二室で再現されていて、幅二・六メートル、長さ八・四メートルのそれぞれの部屋に、上下二段・各四列の並びで部屋の両側に配置された一六台のベッドが備えられている。

厨房の天井には、鍋の蓋を吊り上げるのに利用された滑車が取り付けられた跡が残っている。よほど大きな鍋や釜が利用されたのだ

河南台地下陣地の部屋
2007 年以前に資料室として利用されていた一室。

ろう。五トンの水を蓄える貯水槽もある。

二〇〇八年に新しい資料館が地上に建設されるまでは、地下陣地内の部屋が資料室として整備され利用されていた。その、かつての資料室に今は照明が無く、一般の観光用には公開されていない。しかし、その暗い部屋に徐占江さんが案内してくれるので、懐中電灯をつけて徐さんについて入る。すると、かつて資料室として利用されていたときの写真や解説パネルや展示台などが壁面にびっしりと並んでいて、当時のまま残されている。狭い場所で多くのことを知ってもらうため、知恵を絞って作られた展示資料だったのだろう。

西区の地下陣地の主要部を見て回ったあと、七号入口から地上に向かう。この七号入口は河南台地下陣地で一番深いところに設置されていて、地下から地上まで一九・二メートルある。その九二段の階段を経て地上に出る。七号入口の地上部には、分厚いコンクリートで固めるトーチカが復元されている。そのトーチカ内に係員がいて、ここで防寒着を返却する。

河南台地上陣地を歩く

河南台陣地があるなだらかな丘陵には、背丈の低い樹木があちこちで育っているが、基本的には沙漠地帯の草原だ。七号入口から地上に出たあと、次は、その草原上に広がる地上陣地を徐さんが案内してくれる。

草原を少し進むと、普通の建物であれば地下一階に相当する地面直下に造られた指揮所跡がある。二〇〇七年から河南台陣地を整備する中で、施設内に流入した土砂を取り除き、二〇〇八年になってようやく全貌が判明した指揮所とのことだ。

分厚いコンクリートで天井も壁も固められた指揮所はけっこう広く、幅一〇メートル弱、奥行き一五メートルほどだろうか。出入口が三カ所あり、竪坑を通じて地下陣地と連結されている。この指揮所も鉄筋を縦横に張りめぐらせ強固に造られたが、鉄筋は既にほとんど剥ぎ取られ、コンクリートの壁と天井だけが残されている。鉄筋は金になるので誰かに盗み取られ売り飛ばされてしまったのだ。

草原をさらに少し先に進むと、周辺より三メートルほど窪んだ場所がある。要塞建設工事に従事させられた中国人労工の宿舎の跡であり、三メートルほど掘り下げられたこの窪地に屋根を付け、二〇〇名くらいが押し込まれたとのことだ。説明板には次のように記してある。

徐占江さん／河南台の地上陣地
ハイラル要塞記念館整備事業を責任者として指揮した。

「労工小屋遺跡／この労工小屋遺跡は河南台陣地西北部にある。長さ三〇メートル、幅一四メートル、地面からの深さ三メートル。労工小屋西南側の中央部に出入口がある。これは半地下式の労工小屋であり、木の板と葦で編んだムシロなどで作られた。半地下式にしたのは保温（保暖）のため

河南台地上陣地の施設跡

地上の要塞施設はソ連軍により相当に破壊されている。

河南台地上陣地の重機関銃座跡

2007年に土砂を取り除き、初めて全貌が分かった。

である。小屋内には中央に通路があり、通路の両側に上下二段の寝床が備えられた。小屋には二〇〇余名の労工が住んだ。このような労工小屋は北山（敖包山）陣地にもたくさんある。」

河南台の草原をあちこち歩き回ると、コンクリートで固められた地表の連絡通路が残っているところもあるが、地表の要塞施設はかなり破壊されていて、部屋や通路や砲台であったコンクリートの塊がそこここにころがっていることが分かる。一方、復元されたトーチカも幾つかある。

重機関銃が設置された砲台陣地は以前は地表部だけしか確認できていなかったが、二〇〇七年から始めた整備で地下一階部分の土が取り除かれ調査された。そして、この重機関銃陣地は通風口で地下陣地とつながっていて、地表と地下の間で話をするのに通風口が利用されたことが分かった。

これらを含め、二〇〇七年から行なわれた調査と整備で地表部の要塞構造が詳細に分かるようになったとのことだ。

ハイラル要塞建設の強制労働と万人坑

ハイラル要塞の建設工事に動員された中国人労工の正確な人数は分からないが、当時の工事環境・建設技術・施工期間や労工の作業量などを基に、二万人以上が動員されたと専門家は推定している。

このような大量の中国人労工を軍事機密の要塞建設工事に動員するため、勤労奉仕という名目で村や集落などに強制的に労働力を供出させたり、良い条件の仕事があるなどと言ってだましたり強制連行で中国人農民らを集めるなどしたほか、捕虜の徴用も行なわれた。

ハイラルの工事現場に集められた中国人労工は、衣食住とも劣悪な条件の下で過酷な労働を強制され、飢え・過労・衰弱・病気や事故や虐待で次々に死亡する。かろうじて生きながらえた者も、要塞建設工事が終わると、軍事機密を守るため数回に分けて集団虐殺された。

ハイラル要塞建設工事の強制労働で死亡したおびただしい数の中国人労工の遺体の多くは、現在のハイラル市街の北西方向、ハイラル川の北側に広がる沙山と呼ばれる沙漠の丘陵に捨てられ、大規模な万人坑（人捨て場）が形成された。

万人坑に捨てられた中国人労工の遺体は野犬や狼に食い散らかされ、数えきれない膨大な遺骨が沙山の丘陵に今も散らばったままになっている。要塞工事に徴用された中国人労工は、ごく一部の逃走者と生存者を除き、再び故郷に帰ることはない。

張玉甫さんの証言

張玉甫《ちょうぎょくほ》さんは、労工募集という嘘にだまされハイラル要塞建設工事で強制労働を強いられた被害者の一人だ。張玉甫さんが体験したハイラル要塞建設工事の強制労働に関する証言は『日本関東軍要塞』に収録されているので、(注一〇)その全文を紹介しておこう（原文は中国語。青木訳）。

張玉甫が、だまされてハイラルに連行され労工をさせられた体験を回想する

（この一文は、張玉甫の回想資料『敖包山上的血海深仇』による。毛吉昌と王洪昌が整理した原文は、一九六三年九月一〇日付の『ホロンバイル日報』に掲載された。）

私は河北灤県《かほくらん》人で、先祖の代から一間の部屋もなく、わずかな土地も無い。地主の作男になり食いつないできた。一七歳のとき羊を飼う。しかし、二〇歳でまた作男になり、苦しい肉体労働を行なう。収入は少なく借金があった。

灤県ではどうしようもなくなり、錦州に行き、日本人の炭鉱で「炭黒子」（炭鉱労働者）になる。しかし、旧社会の炭鉱で暮らすのは、人のすることではない。ドングリの粉を食べ、暗くてじめじめした小屋で眠り、現場監督の叱責を受けるのが日常茶飯事だ。爆発事故や倒壊（落盤）が頻繁に発生し、鉱工の命がどれだけ奪われたか分からない。

私は生死の境をさまよいながら六カ月働いたが、食費を取られるとお金はいくらも残らない。ちょうどこの時に父が病気になり、私は家に帰る。しかし、家に帰ると父は死んだ。父は、病気を治療する金も無く、長いこと病を患い、さらにこの数日は鍋の蓋を開けることもなく、生きることに苦しみながら死んだこと

を後で知る。

私が炭鉱に戻ると、日本鬼子は脚で私をけとばした。

その後、鄭家屯《ていかとん》で人を募集しているという話を聞き、藁をもつかむ思いで私は鄭家屯に行く。冬の最も寒い時期に、肌が露出する薄い綿入れしか着ていなくて、全身が凍りつくようにこごえた。私は一軒毎に戸口から「仕事はありませんか」と聞いて回る。しかし、私が被るのは白眼視ではなく罵倒だ。

（一九三五年二月の）ある日、私が鄭家屯の蹲街頭《そんがいとう》にいるとき、ある人が大声で「労工募集！　労工募集！」と叫ぶのが聞こえた。すると、日本の服を着ている何人かの中国人が、「招工（労工募集）」という二文字を記した小旗を手に持ち、旗を振りながら大声で叫んでいるのが見える。

その時の私がどれほど喜んだか言葉で説明できないが、小旗を振る人の前に三歩また二歩と歩み寄り、「だんなさん、お願いだ。私を雇ってくれ」と嘆願するように言う。すると、その人が「お前の名前は何と言うのか」と聞くので、「私は張玉甫だ」と答える。そして、さらに「だんなさん、どこへ行くのか？　どういう仕事をするのか？　給料は？」と聞いた。「お前たちには東山里に行ってもらい、荒地を開墾してもらう。白い麺とマントウを毎日三回食べ、労働は八時間、賃金は一元五角だ」。

ここまで聞いたとき、旗を振っている人が、「自分から応募する者には一五元を先に支払う」と大声で叫び、叫びながら分厚い札束を取り出し、私の目の前で力を込めて揺すらせる。私はすぐに申し込んだ。周りでも、大勢の中国人が紙幣を受け取り、自分の名前を書き込む。

しかし、情況は刻一刻と変わる。自分の名前を書くやいなやすぐに、自分の身体を自分の思うようには出来なくなる。労工募集に応じた人たちは、日本の軍服を着ている数名の人によって傍らに集められ、隊列に並ばされ、看守がいる小さな旅館にすぐに送られ、自由に行動することはもう出来なくなる。

次の日の朝、私たち四〇〇名の労工は駅に護送される。募集する時は客車に乗って行くという話だったが、駅に着いてみると、私たちを待っているのは四輌の有蓋車だ。一群の日本兵が私たちを罵り急がせ、有蓋車の暗い空間に押し込む。そして、ガチャン・ギーという音が聞こえ、貨車の入口に鍵がかけられた。私の心臓は破裂するように動悸を打ち始める。どの人もみな事情を理解できないまま、お互いに成り行きを見ている。どのような運命が私たちを待っているのか誰にも分からなかった。

二日二晩の道中、私たちはさんざんに苦しめられる。一日にたった一つのマントウが与えられたが、水は一口も飲めない。

三日目の深夜、汽車が突然停まる。そして貨車の戸が開き、その直後に「こっちに来い。駅に着いたので貨車を降りろ」という声が聞こえる。私たちは順番に貨車を降りた。外は真っ暗で、地面の白い雪が弱い光を反射しているばかりだ。私たちが汽車を降り、顔を上げ様子をうかがうと……、あれま！　気勢を上げる日本兵の一団がとっくに私たちを待ち構えている。日本兵はそれぞれの手に銃を持ち、銃の先の銃剣が冷たい光を放っている。その光景は私たちを本当に震え上がらせた。

点呼のあと、前もって準備されている十数台の軍用大型トラックの荷台が開く。そして、引率役の中国人の手先が私たちに「トラックに乗れ」と大声で叫ぶ。日本兵は銃を水平に構え、眉をつり上げ目をかっと見開き何か叫んでいる。私たちがトラックに乗るやいなや、「話をするな。きょろきょろするな」と中国人の手先が大声で言うのが聞こえる。話が終わると十数台の大型トラックはすぐに動き出し、荒涼として人の住む家もない山中に向け走り去った。

私たち四〇〇人は山の上で夜が明けるのをひたすら待つ。それぞれが、猫に噛まれたように凍え、苦しむ。そして夜が明ける。この時、私たちはハイラルの北山（敖包山）に既に連れて来られていることが分かった。長い宿泊小屋が山の上に一面に並んでいる。そして、クモの巣のような鉄条網とたくさんの監視塔が辺り一面に配置されているが、他には何も見えない。

さらにもう少し待つと、肥えた豚のように太った中国人の犬（裏切り者・手先）が私たちに話を始める。しっかり働けとか早く仕事を済ませば早く家に帰れるというような話の他に、「あなたたちが身に着けているお金や物を私たちに渡せば、保管しておき、あなたたちがお金を稼いで家に帰る時にまとめて渡す。鄭家屯であらかじめ支給した一五元は、封を切らずにそのまま預かっている」とも話す。

山の上には、働くことを強いられた労工が少なめに言っても二〇〇〇人から三〇〇〇人はいた。そして、苦しい労役が始まる。

私たちの仕事は、言ってみれば一種の軍事用の洞穴（トンネル）を造る（掘る）ことだが、労役の厳しさは全く想像のしようもないものだ。セメント打ち、トンネル掘り、塹壕掘り、どれをとっても楽な作業はない。三メートル以上の深さの塹壕で、シャベル（スコップ）で地面に土を投げ上げる作業を一日続けると、両肩を再び上げることができるようになるとは思えなくなる。しかし、皮の鞭と棍棒で脅やかされ、労工は歯を食いしばり必死に働かざるを得ない。少しでも休むことはできなかった。

飢え・疲労・病気・事故、さらに日本鬼子（鬼のような日本人）と現場監督の刀剣や皮の鞭が労工の命をいつも奪い続ける。

毎日八時間の労働というのは本当か。それは、嘘つき連中のでたらめな話だ。何時間働くか、どれだけ休めるか、そんなことは全く問題にならない。毎日、太陽が昇る前に働き始め、太陽が沈まぬうちは仕事は終わらない。宿舎に帰ると、いつも暗闇で手探りしながら飯を食べた。

ある出来事を私は永遠に忘れることはできない。息もつけないほど猛烈に暑いある日の午後のことだ。もう何日も続けてコンクリート打ちの作業（この作業が最も疲れる）をしている一人の若い労工が、この時腰を伸ばし手で汗をぬぐい一息入れた。そして再び作業を始めようとした時に、思いがけなく現場監督に見つけられてしまう。現場監督はかんかんに怒ってやってきて、若い労工のシャベルを奪い頭にたたきつけた。この哀れな名前も知らない労工は体をよろめかせて倒れ、二度と起き上がることはなかった。人を殺したのに眉一つ動かさないこの現場監督は、「仕事をさぼる者は誰でもこいつと同じ運命だ。誰か来てこいつを片付けろ」と私たちに向かって言い放つ。この現場監督は別の場所でも一人の労工をツルハシで打ち殺している。

当時の私たちには、このような残虐な仕打ちに対して怒りを口に出すこともできないが、皆が目にやきつけ心に刻み、こっそりと目の涙をぬぐった。しかし、あの獣のような日本鬼子は、中国人を殺すたびに得意げにこう言い続ける。「中国人はいくらでもいる。少しくらい死んでもかまわない」。

私たち労工はあらゆる点で牛馬と同じだ。というより生活面では牛馬以下だ。朝晩食べるのはいつも薄いコーリャン粥で、昼食は、腹がふくれようがふくれまいが、酸っぱくて固い雑穀のマントウが一律に四個与えられる。毎日三回塩豆を食べて生水を飲むと、たくさんの人がみな腹をこわす。二回も腹をこわすと、人間とは思えない姿になる。しかし、それでも作業に出ざるをえない。そうしないと「病棟」に放り込まれ酷い目にあうからだ。

住むところもひどいものだ。細長い粗末な小屋の中に二段の寝床が向き合い、横になると寝返りを打つこともできない。小屋は暗くてじめじめしていて、疥癬にかかったりリューマチ（関節炎）になる人がたくさんいる。一つの小屋に四〇〇人以上が収容されたが、看守にとって便利なのと逃亡しにくくするため、出入口は小屋の中央部に一つだけ設けられた。

夜中に大小便に出るときは四人集まるまで待ち、合札を四個持っていっしょに外に出て、そしていっしょに小屋に戻る。小屋に戻る時も四人そろうまで外で待たねばならず、気がめいるまま小屋に戻った。もし一人が逃げれば、残りの三人が責任を負わされる。

ある日、私は、昼間の労働で疲れ果て、仕事を終えたあと寝床に横になりそのまま眠ってしまった。そして、疲れていて小便のことすら分からないまま寝床で小便をもらし、下の寝床にまで小便がもれる。看守はこれを見ていきなり寝床から私を引きずり降ろし、拾い上げたツルハシで正面から何度もなぐり、私の鼻や口から血が噴き出した。今でも腕に傷跡が残っている。こんな事はほとんど毎日あることだ。

私が北山に来てから衣服の支給はない。私より先に連れてこられた労工は、麻袋のようなへんてこな服を冬に一着だけ与えられた。これでどうやって零下四〇度以下の厳寒に耐えることができると言うのか。身体や足にセメント袋をヒモで巻きつける以外どうしようもない。その様子は、「物乞いをする乞食」にも劣る情けないありさまだ。冬に凍死する人は毎年数えきれないほどいた。

日本鬼子は毎日いっそう厳しく監視する。暴行を受けたり病気や飢えで死ぬ人がどんどん多くなり、実態はいよいよ明らかになる。我々労工の運命は、遅かれ早かれ最後は一つの道、死しかない。しかし、どの人の胸中にも逃走したいという意志がある。機会さえあれば、人間を食い物にするこの閻魔殿を脱走するだろう。平然と人を殺す魔窟からすぐにでも逃れるだろう。

数カ月の酷使で私は痩せて無残な姿になり、じきに病に倒れる。最初は目の異常から始まった。左目が突然赤く腫れ、しだいに物がはっきり見えなくなる。治療したいと思っても、どこに行けば医者に診てもらえるというのか、どこに行けば薬が手に入るというのか。数日して左目は失明する。私が失明し体も衰弱している様子を一目見て日本鬼子は私の死期が近いと思い、同情心から私を病棟に入れた。

病棟のことを思い出すと本当に心が痛む。一つの小屋に五〇〇名余の病人が収容されていた。苦痛の叫びやうめき声を病棟で聞いていると本当に悲しくなる。これらの病人はみな病床に伏せたきりで重湯を食べることもできない。スコップを持てさえすれば、病棟に来て死を待つことなど誰も望まない。これほど残酷な情況が世の中にあるだろうか。病気になると、治療を受けることができないだけでなく、逆に毎日コーリャンの薄いスープ一杯しか与えられない。これは、仮病を使って休むのを労工にためらわせる日本鬼子のやり方だということだ。

毎日新しい病人が病棟に送り込まれる。毎朝看守が病棟に入り、一人一人を足で何回か蹴って検査する。そして、毎日少なくとも三体か四体、多い時は七体から八体の硬直している死体を見つけ、すぐに引きずり出すよう命令した。これらの病死体はある大きな小屋に積み重ねておき、三日か四日に一度トラックで運び出し、伊敏川の川べりに投げ捨てた。川が増水するたびに、これらの労工の死体が伊敏川のあちこちに浮かび漂う。私は病棟で「治療」以外に特別の任務を持っていた。毎日死体を外に引きずり出すことだ。

病棟で何日か過ごすうちに、機会があれば逃走しようという思いがさらに強まる。病棟は労工の小屋から割合と離れていて、監視も比較的緩い。逃走したいという思いでいっぱいになるが、心の中には恐怖がある。もし逃走に失敗し連れ戻されたらどうなることか！

あれは、私が病棟に入る前のことだ。名前を知らない一人の労工が夜中に逃走を試みたが、その労工が鉄条網を越える前に、シェパードを連れた日本鬼子が捕まえてすぐに戻ってきた。

次の日、私たちが列を作って工事現場に向かうとき、首に縄をかけられ後ろ手に縛られた血まみれの労工が道端の電柱に吊り下げられているのを目にする。肌はむき出しで、鮮血が地面にしたたり落ちている。この気骨ある中国人同朋は、体を鞭で打たれても一言の悲鳴も上げない。見るに忍びない状況だが、私たちはそのまま通り過ぎようとした。しかし、悪辣な鬼子は、見せしめにするため私たちに注視させ、「逃走する者は誰でも同じ目にあう」と私たちに向かって大声で言う。この中国人同朋は、二日か三日ずっと吊り下げられたまま鞭で打たれ、夜間は蚊や小さな虫が全身に食いついた。

これを思い出すと、私はひどくおじけづく。しかし、次に思案する時は、逃走しないのでは話にならないと思う。もし逃走できれば活路が開ける。逃走しよう。このように私は意志を固めた。

一九三六年七月のある日、私が永久に忘れることがない日だ。この日の深夜、空は真っ暗で、手を伸ばすと手のひらが見えないほどだ。病人たちのうめき声もしだいに静かになる。入口の看守はハーモニカで日本の歌を奏でている。それから暫らくすると、ハーモニカの音が突然聞こえなくなった。そして、どれほども経たないうちに入口から軽いいびきが聞こえてくる。

「看守は寝たのか？」、私の心は急に明るくなり、裸足になって地面にそっと降りる。そして、入口の近くまで進み様子を見ると、やはり、看守はそこに座り、小銃を抱いたまま寝込んでいる。「絶好の機会だ！」。私はあれこれ考えず、注意深く門を開け、看守の前を通り過ぎる。その後すぐ、全身の力をふりしぼり足に力を込め走り出した。

私は東西南北が分からないし、どの方向に逃げるべきかも分からない。暗い方に向かってただ走った。しかし、どれほども進まないうちに鉄条網が私の行く手をさえぎる。私は以前に、高圧電流の流れる鉄条網がこの辺りにあると聞いたことがある。目の前に今ある鉄条網がそれだろうか？　その時は本当に何も分からなかったが、とにかく手を触れてみると電流は流れていない。それで、鉄条網を手で剥ぎ取って隙間を作りすり抜けた。衣服は破れ、手から血が流れ出るが、かまわず私は前に進む。そして数十メートル逃げると、また鉄条網がある。しかし、続けざまに休まず一気に七つの鉄条網をくぐり抜け、最後に深い堀（溝）を越えた。この時、私は既に全身傷だらけだ。

山の斜面を転げ落ち、深い谷をよじ登り、遠くへ遠くへと逃げる。どれほど遠くへ逃げたのかも分からないまま夜明けまで逃げ続ける。そして、西山の松林まで既に逃げてきていることが分かった。

西山の松林でまるまる二日二晩私は身を隠した。昼はあえて姿を見せるようなことはしないで草むらの中に隠れ、夜中に草むらから出て、山菜を食べて飢えをしのぐ。二日二晩を二年に感じるほどに耐え難い時間だ。三日目の朝、私は空腹で既にもうろうとしていて、山菜を探して食べようと思っても、もうはうこともできない。私は心の中で叫ぶ。「張玉甫よ！　虎口も狼の巣窟も突き抜けてきたのに、まさか今日この荒れ野でむざむざと飢えて死ぬのではないか」。涙が流れ落ちるのを止めることはできなかった。

ちょうどこの時、馬車の音が突然聞こえてきた。私は慌ててまた隠れる。心の中で、これで終わりかと思った。しかし、近づいて来るのを見ると、それは数名の中国人で、羊のための草刈りの話をしている。私は安心し、勇気を奮って彼らの前に歩み出た。この時の私の姿は三分は人だが七分は鬼のようなので、私を見て彼らはびっくりする。しかし、この中国人たちは、小麦粉を焼いた餅を私に食べさせ、私を助けてくれた。そして、街に行く安全な道を教えてくれる。私は彼らに礼を言い、ハイラルの街に向けて歩いた。

周茂勝さんの証言

技術や技能を持つ者は一般労工に比べ少しはましな待遇を受けることもあったようだが、瓦房店《がぼうてん》から連行された木工職人たちの場合はどうだったのだろうか。木工職人として八年間も徴用され、日本の敗戦によりようやく解放された周茂勝《しゅうもしょう》さんの証言も『日本関東軍要塞』に収録されているので、その全文を紹介しておこう(注一二)(原文は中国語。青木訳)。

周茂勝が、ハイラルなどで労工として過ごした体験を回想する

(周茂勝、男、一九一二年一一月二〇日生まれ。遼寧省瓦房店市楊家満族郷高麗村在住。二〇〇四年六月一〇日に面会し取材した記録による。)

私は、「満州国」時代に瓦房店の木工場で木工職人をしていた。しかし、父母を早く亡くし生活が困窮していたので、まだ一三歳のたった一人の妹を童養媳(息子の嫁にするため幼い時にもらい受けて育てる女の子)として他の家に差し出す以外に生きる術はなかった。私一人だけが家に残された。

さて、私が二六歳の年に、私が働いていた木工場の一五人が日本人に捕まり労工にされる。私もその中の一人だ。

私たちは瓦房店で汽車に乗せられ、車中では一日にたった二個の焼餅だけが支給されるが、焼餅には緑

色のカビが生えている。しかし、飢えをしのぐため、皮が固くなった焼餅を食べるしかなかった。飲み水も緑色に変色していて臭い。しかも少量しか飲めない。

汽車は北に向け七日間か八日間走り、黒龍江の青椅山《せいいさん》という小さな駅に着く。訥河《とつが》から遠くはないということだが、具体的な位置ははっきり分からない。ただ、ソ連国境に近いことだけは分かった。ときどき、対岸のソ連の町から音が聞こえてくる。

私たちがやらされた仕事は、日本人のために飛行場を整備し、飛行機格納庫を覆い隠すことだ。いっしょに働かされた労工は一〇〇〇人はいる。いろいろな所からそれぞれが来ていた。そのうち瓦房店から連れてこられたのは私たち一五人の木工職人だけだ。

現場では、仕事が遅いとすぐに殴られる。食事を十分に食べることができない上に、労働で疲弊し、病気になっても働き続けねばならない。病気が重くなった労工は谷に捨てられ、狼に食べられた。私たちは掘立小屋に住んでいたが、日本人の監視はとても厳しい。寝るときも日本人が見張りに立ち監視を続けた。

ここで二年間働き、ようやく工事が完成する。瓦房店からいっしょに連行されてきた仲間のうち七人か八人がこの時までに既に死亡している。

続けて、私たちは汽車で佳木斯（ジャムス）に連行され、兵営の補修をさせられる。佳木斯では三年働いて工事が完成する。

その後、私たちはハイラルに移送され、飛行場の整備でさらに三年間働かされる。

ハイラルの現場で寝起きするのは、木材を組んで作った穴蔵のような暗い掘立小屋で、床にチガヤを敷いた。夏は雨漏りでじめじめしている。冬は四方から風が吹き抜け、凍えるような寒さは耐え難いものだ。

そして、牛馬のする仕事を私たちはやらされた。仕事が遅いと、刀やツルハシですぐに日本人に打たれる。たたき殺されるのを恐れ、労工たちは必死に働かざるを得ない。

食べ物は、日本人が飼っているシェパード犬にも劣る。毎回の食事は、八分くらい煮たコーリャンの粥が小さな椀に二杯と塩辛いダイコンが二切れだけで、飲み水も十分でない。

労工は全身が疥癬にかかり、がまんできない痒さにさいなまれる。病気になっても診てもらえない。病気が重くなると伝染病だと言われ、死ぬと谷に捨てられた。

私たちが捕まり労工にされてから七年か八年ずっと働き続けた。日本人は、この間にたった三回だけ黄色いゴム靴を支給した。綿入れの服は冬に一着だけ支給された。労工たちは、五月や六月になり暑くなっても綿入れの服を着て働く。その後、気候がもっと暑くなると、全身をむき出しにして働くしかない。しまいには靴もボロボロになり、足に引っ掛からなくなる。

一九四五年八月に日本は降伏し、私たちを管理する者がいなくなる。それで、日本が負けたと分かり、みんなは家に向かい歩き始める。この年の一二月に私はやっと家に帰りついた。

私といっしょに連行された一五人のうち生きて帰ることができたのは四人だけだ。私以外の三人の名字は韓さんと王さんと劉さんで、名前は思い出せない。これ以外の一一人は、労工として働かされている間に全員が死んだ。

ハイラル要塞沙山万人坑

「世界反ファシズム戦争ハイラル記念館」と河南台の地下陣地や地上陣地跡を徐占江さんの案内でぐる

沙山万人坑
この丘陵のいたるところに犠牲者の遺骨がころがっている。

りと見て回ったあと、午後四時半過ぎに河南台陣地を出発する。そして、ハイラル要塞建設工事の犠牲者の人捨て場である沙山万人坑に向かう。

抗日戦争勝利後もその存在が長い間知られることがなかった沙山万人坑が人々に知られるようになるのは、一九六〇年代になってから中国が愛国主義教育を進める中で、ハイラル要塞建設工事の強制労働から奇跡的に脱出できた張玉甫さんが沙山万人坑の惨劇を訴えたからだ。その張玉甫さんの体験は、「張玉甫さんの証言」の項に記したとおりだ。

さて、河南台陣地がある丘陵を下ると、新しい片側三車線の幹線道路にすぐに出る。ハイラル市街から北に向かう高速道路のようなこの幹線道路に私たちのバスは入り、ハイラル川を渡り、沙山の丘陵に登ったところで折り返して幹線道路を少し戻り、そして路肩に停車する。河南台陣地を出発してから一〇分ほどだ。バスが停車したこの辺りからハイラル川の手前までの沙山の丘陵が、中国人労工の遺体が捨てられた万人坑だ。

幹線道路ののり面を下り沙山の丘陵に入ると、すぐ先に幹線道路に沿って延々と設置されている鉄条網の柵が行く手をさえぎり、柵内には入れないようになっている。その柵から二〇メートルほど内側に入ったところに、自然の灰色岩の塊を模擬する高さが一〇メートルほどありそうな記念碑が設置されている。記念碑の柵に面した側の中央部に赤い大きな文字で「愛国主義教育基地」と縦書きで刻まれ、その下に横書きの赤い文字で「万人坑遺跡」と刻まれている。記念碑には岩の割れ目も模擬され刻み込まれている。この割れ目は何かを暗示しているのだろうか。

柵の向こう側には、平坦な沙山の丘陵がずっと先まで延々と広がり、ハイラル川がずいぶんと遠くに見える。八月下旬の沙山は背丈の低い草が地面を覆い、沙漠が緑の草原になっている。そして、少しずつ植林が進められているようで、植林されて間もないであろう高さ一メートルか二メートルくらいの樹木がばらばらとまばらに立っている。

沙山万人坑に建立された記念碑

記念碑の前に花を供え、雷鳴の中で犠牲者を追悼する。

一二年前の二〇〇〇年五月に訪れて以来二度目の沙山万人坑だが、一二年前の五月の沙山は草が芽吹く前の季節で、枯草が一部に残るだけの一面の沙漠だった。そこには柵も記念碑も何もなく、人捨て場である沙山万人坑は荒れるがままに放置されていた。そして、ハイラル要塞建設工事の強制労働で死亡した中国人労工のたくさんの遺骨がいたるところにゴロゴロと転がっていた。風が吹き沙漠表面の砂が飛ばされると、新たな遺骨が次々に姿を現わすという状態だ。

一方、一二年後の今回は、犠牲者を追悼する記念碑が建立されていて、万人坑は柵で囲まれて保全され、遺骨が放置されたままという状況ではなくなっている。このように、犠牲者の遺骨に保護処置が施されたのは良いことなのだろうが、遺骨を実際に見ることができないのは、何かしら残念な気もする。

そして、この時に限って雷が鳴り響いている。草原にいて雷に出くわすのは気持ちのよいものではないが、犠牲者追悼式だけはどうしても実施したいので、万人坑を確認するのもそこそこにさっそく追悼式を始める。記念碑に一番近い辺りの柵の手前に、黄色の菊と白いユリの花束を供へ、犠牲者を追悼する言葉を野津喜美子さんが中国語で読み上げる。カミナリが鳴り響き雨がポツポツと降る中だ。

ところで、一二年前に、同行の僧侶が導師を務め犠牲者追悼法要を行なったときは、それまで一週間ほど穏やかな快晴の暖かい日が続いていたのに、追悼法要のその日のその時に限って猛烈な寒風が吹き荒れ沙漠の砂が舞い上がり、砂嵐のような状況になった(注一)。

この日も、追悼式を行なう時に限ってカミナリが響き渡る。中国を侵略した日本人が行なった非道悲痛の惨劇を忘れるな、二度と誤りを繰り返すなと犠牲者が叫んでいるような気がしてならない。そう思いつつ、カミナリが続くので早々に現場を引きあげ、午後五時一〇分頃には沙山万人坑を後にする。

ハイラルに残る日本侵略の跡

徐占江さんは、沙山万人坑まで案内してくれたあと所要で一旦別行動になったので、その後は徐さんの息子さんがハイラルを案内してくれる。

まず、沙山万人坑からハイラル市街に戻り、かなり渋滞しているハイラル駅の脇を通り、市街地にある第八〇独立混成旅団司令部跡の近くの道路脇に、沙山万人坑から二〇分くらいかかって到着する。

ハイラル神社・手水舎
神社に関わる施設で残っているのはこの手水舎だけ。

ここでバスを降り、歩いて裏道に入ると、煉瓦造りの大きな建物がある。これが第八国境守備隊・第八〇独立混成旅団の司令部跡だ。建物の中央に立派な門があり、その両側の各階に四部屋ずつが並ぶ二階建ての建物だ。現在は病院の一施設として利用されていて、「内蒙古《うちもうこ》海拉尓《ハイラル》　農墾総医院《のうこんそういいん》」と書かれた大きな看板が門の壁に貼り付けてある。内蒙古ハイラル開墾総合病院というような意味だ。

次は、第八〇独立混成旅団司令部跡からバスで五分ほどのところにある、西山広場と呼ばれる公園に行く。市街地にある、木々や草花がたくさん植えられているけっこう広い公園だが、その一角に、かつてのハイラル神社の手水舎が残っている。手水舎はコンクリート製で、縦五メートル・横四メートルほどの間隔で四本の太い柱が立ち、その上に一回り大きな屋根が載っている。手水舎の中央に、長さ二メートル・幅一メートルくらいの立派な手水鉢が置かれているが、鉢の中は水ではなく土がいっぱい詰まっている。

ハイラル神社の本殿などは今はもう残っていないが、この手水舎を見れば、相当に大きな神社だっただろうと想像される。かつて日本の中国侵略に宗教者が積極的に加担したことは銘記しておきたい。

ハイラル神社跡がある西山広場を午後六時ごろに出発し、伊敏川の川辺にある記念公園に一〇分ほどで到着する。その記念公園の前をゆったり流れる伊敏川の幅広い流れの中に、四基の橋脚と、その四基の橋脚をつなぐ橋梁が残っている。そして、その両側は橋梁が切断されている。つまり、伊敏川の左岸と右岸の河川敷部分には橋梁が無く、私たちのいる伊敏川左岸の記念公園側に橋脚が一基、反対側の右岸にも橋脚が一基あるだけだ。ソ連軍の攻撃からハイラルを防衛するため日本軍がこの橋を破壊したのだが、記念公園にある大きくて立派な記念碑に、次のような説明が記されている（原文は中国語。青木訳）。

伊敏橋と日本人母子像
取り残された日本人孤児を中国人養父母が育ててくれた。

「かつて伊敏橋と呼ばれたこの破壊された橋は、一九三三年に日本軍により着工され一九三五年に竣工した。鋼鉄の橋梁と鉄筋コンクリートの橋脚で作られ、橋長は二〇〇メートル。当時、伊敏川を越えハイラルの東西をつなぐ唯一の道路橋であった。

一九四五年八月九日、ソ連紅軍とモンゴル人民革命軍の兵士がハイラル要塞に向けて進行する。南路のソ連軍は、ハイラル川の東方から伊敏橋を越え、北路のソ連軍と共にハイラル包囲網を完成させるよう作戦を進めていた。日本軍はソ連軍の意図に気づき、ソ連軍の包囲を阻止するため、爆弾を持つ一〇名の日本兵を大急ぎで伊敏川に派遣し、大橋の両端を爆破した。その後で伊敏川東岸の橋頭に到着したソ連軍に橋を使えなくさせ、ソ連軍の作戦を混乱させた。しかし、ソ連軍は強力な部隊を一カ所に集め、新たな包囲網を八月一三日に完成させ、日本軍要塞陣地に全面攻撃を決行した。」

記念公園がある伊敏川の川辺には、破壊された伊敏橋の先のはるか東方を見つめる母と子の等身大の彫像が設置されている。和服の着物を着て帯を締め日本髪を結うこの母は紛れもなく日本人だ。右手で幼子の手を握り、左手を額の前にかざし、幼子と共に東方を眺めるその視線の先には日本の故郷があるのだろう。しかし、ソ連軍が侵攻し伊敏橋は破壊され、川を渡ることはできない。「満州」にとり残された日本人女性（婦人）と幼子を象徴するようなこの母子像には、「望郷」と刻まれた銘板が添えられている。

破壊された伊敏橋の前に造られたこの記念公園は相当に広大で立派な施設だが、二〇〇〇年に私がここに来たときは無かったので、それ以降に新たに整備されたものだ。そして、侵略者の日本が君臨したハイラルに、「満州」に取り残された日本人母子の像を設置した中国人の心の広さを、現在を生きる日本人はしっかりと認識すべきだ。中国を侵略し中国人を虐殺した日本軍や日本政府に置き去りにされた日本の幼子たちを、恨みも怒りも包み込み大切に育ててくれたのは中国の養父母たちだ。

午後六時半頃に伊敏橋の記念公園を出発しハイラル市街に戻る。そして、市内の食堂に徐占江さんと息子さんを招待し、ハイラル郷土料理の夕食をいっしょに楽しむ。一二年振りに徐さんと再会し、こうやってまたお世話になり、いっしょに料理を食べ酒を飲めるのは嬉しいことだ。そして後日知ったことだが、この日の徐さんは体調が悪く、病院で点滴を受け、その足でハイラル要塞に駆けつけてくれたということだ。

ノモンハンへ

訪中三日目の八月二五日、この日はノモンハンを訪ねる。しかし、時期がいかにも悪かった。尖閣諸島（釣魚島）の領有権をめぐり、日中関係が最悪の事態に突入しようとしている時なのだ。その尖閣諸島（釣魚島）に関わる二〇一二年の主な出来事をここで簡単にまとめておこう。

一月三日午前、石垣市議ら四人が尖閣諸島魚釣島に上陸。同日夜に石垣港に戻る。これに対し中国外務省は日本側に抗議する。

三月三日、尖閣諸島周辺の四島を含む三九の離島の名称を日本政府が決定する。これに先立つ一月一七日に中国『人民日報』は、「釣魚島と周辺諸島に命名する企ては中国の核心的利益を損なう振る舞いだ」などとし、中国政府および政府系報道機関を含め初めて釣魚島を核心的利益と表現していた。

四月一六日、石原慎太郎東京都知事が、魚釣島・北小島・南小島の三島を埼玉県在住の地権者から購入する方針を決めたと発表する。購入資金として募金が呼びかけられ、九月一三日までに一〇万件余、約一五億円の募金が集まる。

五月二二日、王家瑞中国共産党対外連絡部長が江田五月元参院議長との会談の中で、「中国にとって釣魚島もウイグルも核心的利益だ」と述べる。中国高官が釣魚島を核心的利益だと公言するのは初めて。

八月一六日、香港の活動家一四名を乗せた抗議船が魚釣島に入り、このうち七名が上陸する。一四名は、日本の警察官と海上保安官に逮捕される。翌一七日に一四名は中国に強制送還された。この逮捕を受けて、破壊活動を伴なう「反日デモ」が中国各地で繰り広げられる。

八月一九日、「頑張れ日本！　全国行動委員会」の会員と地方議員ら一〇名が魚釣島に上陸し、灯台や奈良原岳頂上に「日の丸」を掲げる。上陸した一〇人のうち五人が、軽犯罪法違反の疑いで沖縄県警に事情聴取されたが、逮捕等はなかった。

九月一一日、日本政府は、埼玉県在住の地権者から魚釣島・北小島・南小島の三島を買い取り、所有権移転登記を完了し国有化する。この国有化に対し中国で「反日」感情が高まり、上海で日本人が暴行される事件が発生する。

九月一五日、日本政府による尖閣諸島三島の国有化を受け、中国各地の五〇以上の都市で、日中国交正常化以降で最大規模となる「反日デモ」が発生する。各地のデモ隊の一部は暴徒化し、日本大使館が投石されたほか、イオン・平和堂・イズミヤ・セブンイレブン、トヨタや日産の販売店、日本料理を扱う飲食店などが大規模に破壊・略奪・放火される。

尖閣諸島国有化は私たちの訪中の後の話だが、ともあれ、こういう最悪の状況の中でノモンハン戦争に関わる現場を日本人（外国人）の私たちが訪ねるため、徐占江さんが奔走し軍や旅遊局など関係機関とかけあってくれたが、どうにもできなかったとのことだ。ハルハ河などモンゴルとの国境地帯には近づくことはできないし、ノモンハン戦争で大敗した関東軍が約一万人の兵士の遺体を埋めた蓮花坑など中国軍施設が近くにあるところも立ち入り禁止ということだ。

また、関東軍第二三師団司令部が置かれた将軍廟は周辺の道路が水没していて、四輪駆動車とか馬でないと入れないということだ。こんなことで、今回訪ねることができるのは、新たに開設されたノモンハン戦争遺跡陳列館だけになる。なお、将軍廟には「将軍廟遺跡」、蓮花坑には「焚屍坑遺跡」と刻まれる石碑が最近新たに設置されたようだ。

そういう情況の下で、ハイラル市街中心部にあるホテルを八月二五日の朝八時ちょうどに出発しノモンハンに向かう。

ホテルを出発してから十数分後に、ホロンバイル市の新しい市役所の前を通過する。この辺りは、二〇〇二年頃から新たに開発が始められた地域で、周辺に官僚の宿舎が建ち並ぶ。アパートは当初は一平方メートル当り一〇〇〇元（約一万五〇〇〇円）で購入できたが、今は一平方メートル当り二〇〇〇元（約三万円）くらい必要になっているとのことだ。

ホテルから二〇分も走ると、ずいぶんと郊外に来たという感じになり、八時三〇分頃に料金所を通過する辺りでは周囲はもう完全に郊外の草原になっている。この先は、草原の中の片側一車線の一本道をひたすら先に進む。周辺は平坦な草原がずっと続き、ハイラル近辺にある低い山が遠くに少しばかり見えるだけだ。

九時二〇分頃にとある集落に着く。長距離路線バスの発着所があるそこそこの規模の集落で、ちょうどバスが到着し、発着所で待っていた人たちがバスに乗り込むところだ。私たちのバスの運転手はここで少し休息をとる。バスの発着所のすぐ近くに有料便所があり、料金は一回一元。とてもきれいな水洗式の便所だ。

そしてまた草原をひたすら走り続ける。草原の中の一本道には、牧草を運ぶトラクターが、道幅いっぱいにもなる草を積んで走っていたりする。

一〇時頃に草原のただ中にバスが停車する。道路から三〇〇メートルほど離れたところに、直径五〇メートルほどの池というか水場があり、オアシスという感じになっているところだ。ここでバスを降り、水場に向かい草原をブラブラ歩く。その水場には、羊や牛や馬の群れが集まっている。

しばらく見ていると、数十頭の馬の群れがどこからか走ってやってきて水場に入り、水を飲み始める。馬を追う人の姿は見えないが、馬が要領をちゃんと知っているようだ。池の中央まで馬が入っても大丈夫なので、深さは一メートルくらいというところだ。

この水場の周りで三〇分ほど草原の香りと雰囲気を楽しんだあと、再びバスで草原を走る。道路は片側一車線のアスファルト舗装路で、通行量はほとんど無いので快適に走ることができる。しかし、速度違反を監視するカメラが時々設置されているので、その付近ではゆっくり走行するようだ。プロの運転手はそのあたりは心得ている。

草原の中にある池（水場）
羊も牛も馬も、この水で命を育む。

草原は牧草地でもあり、草を刈り丸めて束ねる機械をトラクターで引っぱり、草刈りの作業をしている人がいる。丸められた草は直径二メートルか三メートルの円柱状になり、この円柱状の草の塊が、無限に続く草原にどこまでも点在するという風景が続く。

オアシスの水場から一〇分ほど先に進むと、植林された木々が目立つようになる。沙漠地帯の草原を植林しようという大規模な試みのようだ。植林された木々の背丈はいろいろで、五メートルから七メートルくらいに育っている樹林もあれば、幼木を植えたばかりのところもある。植林して間がないところは、羊が入らないように柵が設置されているが、木の柱を数メートル間隔で立て、柱と柱の間を何本かのヒモ（針金？）で結んである柵が一般的だ。

一一時二〇分頃に、道路沿いに商店や旅館が並ぶ大きな町を通過する。植林が目立つのはこの町あたりまでで、この辺りから先は見渡す限りの平坦な草原になる。地平線のかなたまで続く草原を見ると、モンゴルというかホロンバイルの草原にようやく来たような気になる。

今から一二年前の二〇〇〇年にもハイラルとノモンハンをバスで往復したが、その時と今の大きな違いは草原の様子だ。一二年前に来たときは時期が五月初旬で、新しい草が芽生える前の枯草状態だったが、八月下旬の今回は緑の草が満々と生えそろっている。もう一つの違いは道路で、一二年前は土を盛って固めただけの未舗装道路だったが、今回はアスファルト舗装の快適な道路になっている。

さらに、三つ目の違いは植林地帯の存在だ。二〇〇〇年にハイラルとノモンハンを往復する時は、途中にアムコローの街を経由する西寄りの道を通ったので、道中のほとんどが見渡す限りの平坦な大草原だった。今回は往路で東寄りの道を通るので、こちらには植林地帯もあるということだ。

ホロンバイルではただひたすら延々と草原が続く。そして、羊や牛や馬の群れに時々出会う。そういう草原の風情を楽しむうちに、ノモンハン村のすぐ手前にあるノモンハン戦争遺跡陳列館の入口に到着する。ちょうど一二時頃で、ハイラルからここまでのバスの走行距離は二五〇キロだ。

ノモンハン戦争遺跡陳列館

ノモンハン村を経てアムコローに至る幹線道路の脇に、ノモンハン戦争遺跡陳列館の入口と事務所の建物がある。陳列館が設置されている場所はホロンバイルの草原のただ中で、周囲には延々と草原が広がる。陳列館のすぐ先にはノモンハン村の集落があり、ここから十数キロ南方には、モンゴルとの国境となるハルハ河が流れている。

ちょうど昼の一二時頃に到着した私たちは、房さんが入場手続きを済ませるのをしばらく待ったあと、入口の事務所から五〇〇メートルほど先にある陳列館にバスで向かう。

陳列館は三階建ての白い建物で、大きな体育館ほどの広さがある。入口の右手に「ノモンハン戦争遺跡陳列館」と大きく表示され、入口左手の銘板には「国防教育基地／愛国主義教育基地／内蒙古自治区人民政府／内蒙古自治区精神文明建設委員会／内蒙古自治区党委宣伝部」と記してある。

事務所からバスに同乗してきた係員が陳列館の入口の扉を開けてくれ、私たちは中に入る。そこで係員がノモンハン戦争について次のように説明してくれる。

一九三九年五月一一日に、「満州国」とモンゴル人民共和国の国境をめぐり小さな衝突が発生する。この事件をきっかけに、日本・「満州国」軍とソ連・モンゴル軍の間で同年九月一五日の停戦まで続いた軍事衝突をノモンハン戦争という。ハルハ河戦役とかノモンハン事件と呼ばれたりもするが、その実態は、両軍併せて二〇万人以上の兵士が参戦する大規模な戦争であり、死傷者は、日本・「満州国」軍が五万四〇〇〇人、ソ連・モンゴル軍が二万二〇〇〇人にもなる。飛行機九〇〇機、大砲五〇〇門、戦車二〇〇〇輌が参戦した本格的なこの戦争は立体戦争と呼ばれている。その結果は日本・「満州国」軍の大敗で、これで日本軍は北進をあきらめ、南方に向かうことになる。

ノモンハン戦争遺跡陳列館
巨大な陳列館と、ノモンハン戦争を再現する巨大な戦車

そのノモンハン戦争の現場から回収した本物をこの陳列館で展示している。この新しい陳列館は二〇〇八年に竣工し開館しているが、それまでは、直ぐ近くのノモンハン村の集落の中に小さい陳列館があった。古い陳列館の収蔵品は二〇〇八年に新しい陳列館に移管している。

このような説明を聞いたあと、陳列館の展示を見て回る。観覧者は私たち一行だけだ。展示室はとても広く、そこにノモンハン戦争の遺品が大量に展示してある。主な展示物を列挙しておこう。

重機関銃・軽機関銃・小銃・拳銃・拳銃ケース・（砲弾の）信管・薬莢（やっきょう）・手榴弾・石鹸・歯ブラシ・歯磨き粉・空き瓶（一升瓶・ビール瓶・薬品瓶）・飯盒・水筒・日本軍軍服・鉄兜・帽子、騎馬兵の靴、荷車の車輪、銃油の壺、「満州帝国」と彫られた国境の碑、ソ連モンゴル軍の騎兵刀、石油缶・防毒マスク・毒ガス濾過機、バケツ・書類カバン・電話機・お守り。これらが、とにかく大量に展示されている。

これらの遺品の展示の他、戦場における戦闘の様子を再現する巨大な立体模型も作られている。こんな様子で三階まで展示室が続く。

この陳列館がただ一棟だけ広い草原の中にぽつんと建っているが、陳列館の前の広い草原に実物大の戦車の模型が十数台置かれ、立体戦争と呼ばれるノモンハン戦争の闘いの様子を再現している。模型の戦車だが、かなり大きなもので迫力がある。

一時間余観覧したのち、午後一時二〇分頃に陳列館を出発する。出発から一分か二分後には、湖のほとりにあるノモンハン村の集落の脇を通過し、あとは、アムコローを目指して大草原の中をひたすら進む。ノモンハン村から先は、四方の全てに見渡す限りの平坦な草原が続く。

午後二時頃に、進行方向の先の草原のただ中に町が見えてくる。そしてしばらくすると、周りが草原から町にいきなり切り替わる。アムコローだ。草原の中のオアシスのような町で、町の名前のアムコローはモンゴル語で太平とか平和を意味する。そのアムコローの街並に入ってすぐに道路沿いの食堂に入り、ここで遅めの昼食を食べる。

甘珠爾廟（ガンジュール廟）

甘珠爾廟（ガンジュール廟）を紹介する資料によると、その位置はハイラルから一八六キロ、阿尓山《アルシャン》から二一〇キロ、満洲里からは二〇〇キロということだ。アムコローからは北西方向に二〇キロの位置になる。そのガンジュール廟に向けアムコロー市内の食堂を午後三時頃に出発する。アムコロー市街を抜けると周囲は見渡す限りの草原で、平坦な草原の中の舗装された一本道を走り続けると十数分でガンジュール廟に到着する。

駐車場にバスを停め入場料を支払い門を抜けると、その先に広大な庭園というか草原が広がり、その何百メートルか先にガンジュール廟の建築物群が見える。そこまで歩くには少し時間がかかりそうだ。

ガンジュール廟は、清朝・乾隆時代の一七八五年に建立された、ホロンバイル地区で最大のラマ教寺院である。竣工時に、「寿寧寺」と書かれた額を乾隆帝自らが与え寿寧寺と称したが、ラマ教の経典の一つであるガンジュール経（甘珠爾経）を収蔵していたので後にガンジュール廟とも呼ばれるようになる。

一七八五年の建立以降、中原・モンゴル・チベットの三つの建築様式を融合する寺院が一一棟、倉が四棟、各種の部屋が一〇〇戸以上建てられ、総建築面積は一万平方メートル以上になる。最盛時にはここに四五〇〇人が集まり、そのうち四〇〇人が常駐者だった。

一九三一年に中国東北部への侵略を公然と始めた関東軍は「満州国」西部のホロンバイル地区に第二三師団を配置し、ハイラルに第二三師団司令部が置かれる。やがて司令部はガンジュール廟に移されるが、それでもモンゴル国境まで八〇キロあり遠くて不便だということで、ノモンハンに近い将軍廟に司令部はさらに移される。

さて、一九三九年に起きたノモンハン戦争でガンジュール廟は一部が破壊されることになる。そして、さらに時が進み、一九六六年から始まる中国の文化大革命でガンジュール廟は廃墟にされてしまう。

しかし、その後、多くの人々の支援を得てガンジュール廟は再建されることになり、二〇〇一年に再建工事が着工される。そして、二〇〇三年に竣工し、仏像二五〇体が供えられ、一五万人が参集して開眼供養が行なわれた。二〇〇三年に再建された廟の総面積は一万一三三〇平方メートル、主要な八棟の建物の総建築面積は二四〇〇平方メートル、塀の長さが六〇〇メートルになる。その中で中心になる寺院は面積六四六平方メートルで、高さ一七・五メートルの建物を四六本の柱が支えている。他に付属建築物八六〇平方メートルが併設され、昔ながらのガンジュール廟が再建された。

さて、再建されてから一〇年を経たこの日のガンジュール廟。主殿など寺院の建物の造りは日本の寺社とよく似ているが、赤や青や緑の鮮やかな色であちこち塗り上げられているところが異なる。ともあれ、とてもきれいな造りだ。縁日などには大勢の人が集うのだろうが、この日は私たちの他に他所から訪ねて来ている人たちはほとんどいなくて閑静なたたずまいだ。

かつてガンジュール廟に関東軍第二三師団司令部が置かれていたことを示すものの一つとして、分厚いコンクリートで強固に造られた建物（要塞）が残っている。

ガンジュール廟の参観を終え、草原を走り抜け、アムコロー市街の中心部を貫通する幹線道路に十数分で入る。この幹線道路は片側三車線くらいある広いもので、自動車がけっこうたくさん走っている。自動車などあまり見かけなかった一二年前と比べると様相が相当に変わっている。六階か七階建ての住宅など新しい建物がたくさん建ち並び、街の様子も大きく変化している。

そのままバスは幹線道路を走り続け、アムコローの市街地を六分ほどで走り抜ける。この六分間だけは市街地が続いたが、その前後はただ草原が広がるばかりだ。こじんまりしたアムコローの街が広大な草原の中にぽつんとあるということがよく分かる。

アムコローを出たのは午後四時半ころだ。あとは、ホロンバイルの大草原の中の一本道をひたすら走り続ける。片側一車線のこの道路の制限速度は七〇キロで、速度違反を取り締まる監視カメラがあるとバスの車速は七〇キロに下がる。しかし、それ以外はたいてい一〇〇キロくらいで走行している。来る時とは別の西方を通るこの幹線道路の周囲は、どの方向を見ても草原がただ延々と広がるばかりだ。そして午後七時頃にハイラルに帰り着く。ちょうど日没になる時刻だ。

夕食は羊と牛のシャブシャブを食べる。

ハイラルから孫呉へ

訪中四日目の八月二六日。この日は、内蒙古自治区のハイラルから黒龍江省北部のロシア国境に近い孫呉《そんご》へ移動するだけの一日だ。

この日の朝、ホテルを出発する時刻まで間があるので、ハイラルの旧市街を再現している通りを散策する。幅一〇メートルほどの石畳の通りは二〇〇メートルほど続き、旧市街の建物が通りの両側にきれいに再現されている。煉瓦造りの赤茶色の壁に朱色の柱と窓という組み合わせの建物が多いようだ。そして、古い時代の人たちが街で生活する様子を表わす等身大の彫像がところどころに配置されている。ハイラルを訪ねることがあれば、繁華街にあるこの通りを散策されることをお薦めする。

その後、ハイラル（ホロンバイル）空港に移動し、一〇時四〇分発の中国国内便でハルピンに向け飛び立つ。

ハルピン空港着は一一時三〇分過ぎで、ハルピン空港の近くのホテルで昼食を食べる。そしてバスに乗り、午後一時一〇分にホテルを出発する。バスの運転手は于《う》さん。ハルピンから孫呉までは六時間から七時間くらいかかる予定だ。

さて、これから私たちが向かう孫呉は、現在の行政区では黒河《こくが》市に属する県の一つである。黒河市は黒龍江省の最北部に位置し、黒龍江（ロシア名はアムール川）を境とする三五八キロにおよぶ国境でロシアと接している。黒河市の人口は一七〇万人余で、その中心街は、ロシアのアムール州の州都・ブラゴベシチェンスク市の中心街と黒龍江をはさんで向かい合っている。黒河市に属する一行政区である孫呉県も黒龍江をはさんでロシアと長い国境で接していて、人口は約一〇万人になる。

また、孫呉と黒河の位置関係を大枠でとらえると、黒龍江省の省都・ハルピンから北方約五〇〇キロのところに孫呉の中心街があり、さらにその北方約一〇〇キロ、ハルピンからだと約六〇〇キロ北方に黒河市の中心街があるということになる。

八月二六日の午後一時一〇分にハルピンを出発したバスは、黒龍江省の中央部からやや西寄りに広がる大平原を北に向かいひたすら走り続ける。車窓から見渡す限り畑が延々と続き、たまに町があったり集落があったりする。

午後六時半頃、はるか西方の大興安嶺山脈に沈む夕日は本当に赤い深紅の火の玉になる。この赤い夕陽は印象的だ。かつて中国東北地方を侵略していた日本軍兵士は、「満州」の大平原を行軍しながら、この赤い赤い夕陽をあきるほどに眺めたのだろう。

そして暗闇に包まれる夜になり、午後八時過ぎに、孫呉の中心街にある宿舎のホテルに到着する。そのあと、ホテルの近くの小さな食堂で遅めの夕食を食べる。

大きな孫呉

訪中五日目の八月二七日、この日は孫呉に残る「満州国」時代の遺構を見て回る計画で、前日の夜に合流した黒河中国旅行社の郭建忠《かくけんちゅう》さんが案内してくれる。郭さんの説明によると、孫呉市街と近郊で一三カ所の遺構をまず確認し、そのあと、市街から四〇分か五〇分ほどかかるロシア国境にある関東軍孫呉勝山要塞を訪ねるのがよいとのことだ。
郭さんの案内でこれから確認して回る孫呉について宋吉慶さんは次のように説明してくれる。

この辺りの「満州国」北部のソ連（ロシア）国境地帯には、孫呉と瑷琿《あいこん》と黒河の三地区に関東軍要塞群が造られた。そのうち、満州族が霍爾莫津（フォルモージン）と呼ぶ孫呉には第五国境守備隊が配置され、一九三七年に要塞が完成すると孫呉に町が作られる。孫呉に駐屯する歩兵連隊・砲兵連隊など関東軍部隊の兵力はハルピンに駐屯する兵力より規模が大きく、その当時は「大きな孫呉、小さなハルピン」と言われた。

さて、孫呉はそれほど大きな町ではなく、一三カ所の遺構も割合と近接している。それらをバスで順々に訪ねるが、距離感を感覚的に理解できるよう、各遺構でのバスの発着時刻などをなるべく付記しておくことにする。

八時三〇分に孫呉市街にあるホテルを出発した私たちはまず北に進み、孫呉駅前で左折し幹線道路を西方に進む。その少し先で幹線道路を左折し、脇道に入ったところでバスが停車する。細菌戦部隊として有名な関東軍第七三一部隊の支隊・第六七三部隊が活動していたところだ。

そこでバスを降り（八時四四分）、南に向かって細い道を歩く。この辺りは市街地近郊の農村地帯で、私たちが歩く細い道の両側に民家が点々と建ち並ぶ。近所の人たちは道端で黒豆やインゲンやキノコを干している。

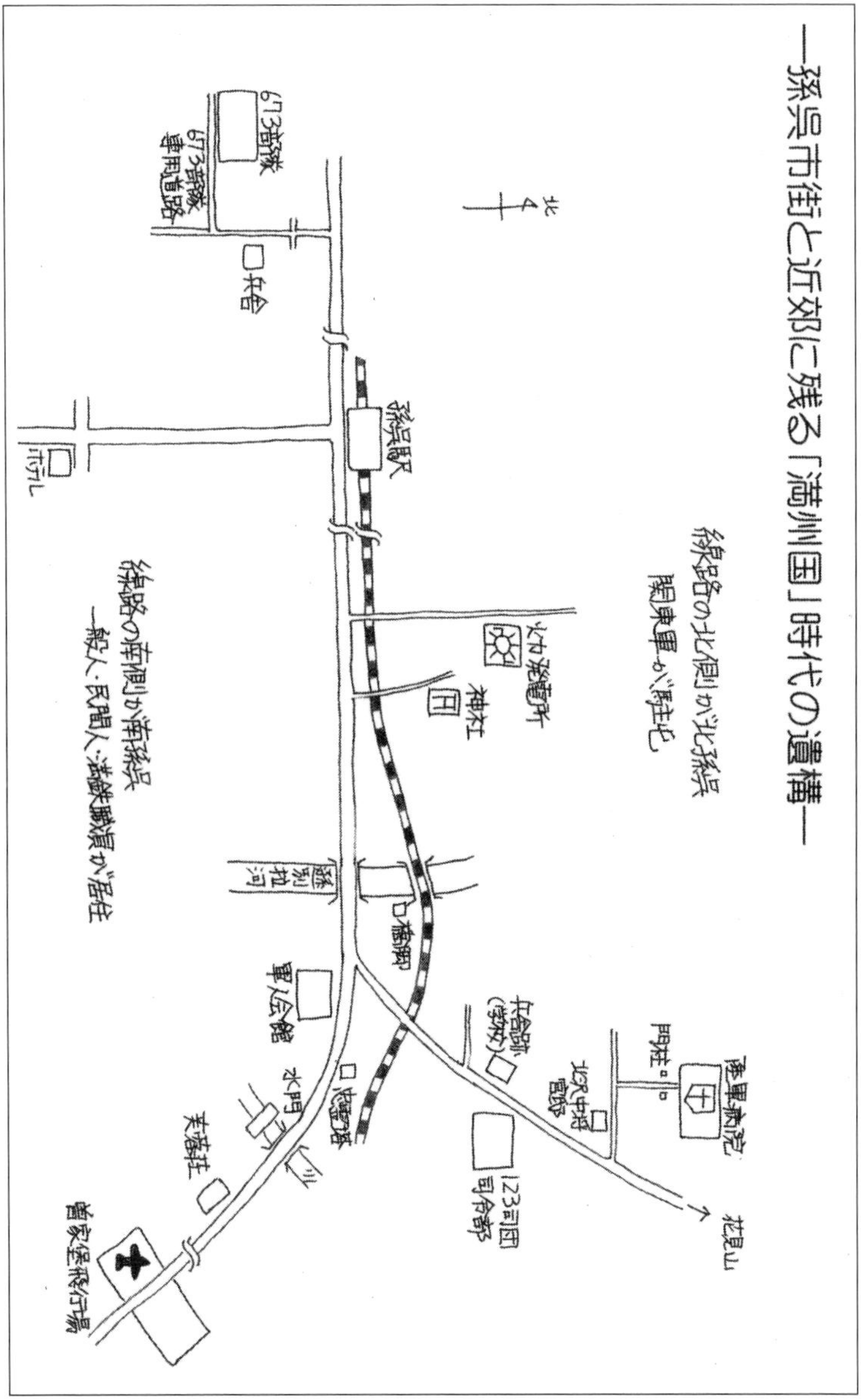
―孫呉市街と近郊に残る「満州国」時代の遺構―
線路の北側が北孫呉
関東軍が駐屯
線路の南側が南孫呉
一般人・民間人・満鉄職員が居住
北
673部隊
673部隊専用道路
兵舎
孫呉駅
ホテル
火力発電所
神社
孫別拉河
橋脚
軍人会館
兵舎跡（学校）
門柱
陸軍病院
北沢中将官邸
123師団司令部
花見山
水門
曽家堡飛行場

この集落には、六七三部隊の日本兵と家族の宿舎として使われた建物が残っていて、「省級文物保護単位／侵華日軍七三一細菌部隊孫呉六七三支隊兵舎遺跡／黒龍江省人民政府・一九八六年十月十六日」と記した銘板が貼り付けられている。学校の校舎のような長い平屋の建物で、そこにも今は村の人がちゃんと住んでいる。

集落が途切れる辺りまで進むと、西方に伸びる道がある。ここから先は七三一（六七三）部隊専用道路だったところで、当時は近隣の中国人が近寄ることもできなかった地域になる。この道路の両側に今は畑が続き、カボチャ・じゃがいも・白菜・ヒマワリ・トウモロコシ・ネギ・大豆・コーリャンなどいろいろなものが栽培されている。

これらの畑が途切れると、その先は樹木が林立する森になり、そこが関東軍第六七三部隊が設置されていた一帯だ。樹林と草原が混在するその森の中に入っていくと、コンクリートの建物の遺構が地表に残されているのを確認できる。

その遺構の近くにある古い記念碑は倒れているが、新しい記念碑が別に設置されていて、次のように刻まれている（原文は中国語。青木訳）。

記念碑表面

黒龍江省文物保護単位／侵華日軍七三一細菌部隊孫呉支隊罪証遺跡／黒龍江省人民政府一九八六年公布／黒龍江省文物管理委員会　二〇一一年九月立

記念碑裏面
孫呉県城の西南四キロの丘陵上、西興村の北方五〇〇メートルに位置する。日本軍七三一細菌部隊の六七三支隊の駐屯地として一九四〇年に建設された。今も残る飼育試験室・事務所・訓練室・防衛部隊兵舎など全部で三百以上の部屋が、約二〇万平方メートルの範囲に分布している。この部隊は、生きている人を用いて病原菌を作る実験を行ない、中国侵略戦争において大罪を犯した。この遺跡は、日本の中国侵略戦争を非難し愛国主義教育を進めるのに重要な意義を持つ。この遺跡の周囲の環状道路の内側を特別保護区とし、環状道路の外側一〇メートルと防衛部隊兵舎地区を重点保護区とする。

関東軍六七三部隊跡
生体解剖実験室ではないかと推定されている遺構

対ソ戦で細菌戦をすぐに開始できるようにするため、ソ連との国境に近い孫呉に七三一部隊支隊として六七三部隊が置かれた。七三一部隊に関わる五つの支隊の中でも孫呉六七三支隊は規模の大きい支隊で、佐々木少佐が支隊長に就任する。孫呉市街から少し離れたこの地域は、スズランの花が咲くのでスズラン台と呼ばれていた。日本敗戦時に六七三部隊に所属していた三〇〇名の隊員のうち九〇名ほどは毒を飲んで自殺したが、それ以外の多くの隊員は生き残っている。しかし、敗戦時に日本軍は施設を徹底的に破壊し証拠隠滅を図ったので、六七三部隊の遺構はほとんど残っていない。その中で、記念碑の近くに残されている建物土台部の遺構は生体解剖実験室の一部であり、確認はできていないが、実験に供試された人体をホルマリン浸けにした水槽だったのではないかと想像されているとのことだ。

樹林と草原がただ広がるばかりの六七三部隊跡の確認を終え、来た道を引き返し、集落の中を通りバスに戻る（九時四一分）。

次は、関東軍一二三師団関連の遺構を確認するため幹線道路に戻り東方に進み、孫呉駅前を通り過ぎ、遜別拉河《そんべつら》（川）に架かる新しい橋を渡る（九時五五分）。橋を渡ってすぐに左に曲がり幹線道路を外れるが、その交差点の南側に軍人会館がある。軍人会館は後で訪ねる予定だ。

軍人会館がある交差点から北に進むと、東西方向に延びる鉄道線路をじきに越える。この鉄道は「満州国」時代からある鉄道だ。当時、線路の北側は北孫呉と呼ばれ関東軍部隊が駐屯し、線路の南側は南孫呉と呼ばれ一般の民間人が居住していた。満鉄職員も南孫呉に住み、娯楽施設である軍人会館も南孫呉に設営された。

鉄道を越えるとすぐに、道路の左側に学校がある。関東軍部隊の兵舎があったところだ。道路をはさんで反対側には第一二三師団司令部があった。

この学校の先にある三叉路で左折し、西方に延びる脇道に入ったところでバスが停車する（一〇時〇〇分）。この三叉路の交差点の南西側に一二三師団の北沢中将の官邸があった。官邸跡は県級文物保護単位に指定されているが、現在は土台の石組みが残るだけで当時の建物は無く、敷地は雑草に覆われている。その敷地の一角に、日本軍一二三師団・北沢中将住居跡であることを示す石碑が置かれている。

孫呉県人民政府が一九八七年八月二〇日に設置した石碑だ。そして、今もここに立っている楡の木は当時からあったとのことだ。

北沢中将官邸跡の前の脇道を西に歩くと、脇道の北側に少し入ったところに、五メートルほどの間隔で設置された煉瓦造りの立派な門柱がある。その門の先が陸軍病院があったところで、病院建物の土台が残っている。しかし、建物自体はなくなっている。もう少し先には赤煉瓦造りの建物もわずかに残っていて、地下室もあったとのことだ。陸軍病院跡のこの敷地は今は畑として利用されていて、いろんな作物が育っている。辺りには民家が何軒かあり、孫の手を引いて散歩するおじいさんとおばあさんがニッコリ微笑んでいるのを見て、嬉しくなる。

陸軍病院跡を確認したあと、北沢中将官邸跡で待機しているバスに乗り（一〇時二五分）来た道を戻る。その途中で、第一二三師団司令部跡や兵舎跡にある学校の写真を写し、軍人会館まで戻る（一〇時三二分）。

軍人会館は、関東軍の将校専用の娯楽施設で、相当に豪華な施設であったようだ。来館者が最初に通る、幹線道路の脇にある入口の門がまず重厚な感じで、守衛が勤務する建物と、高さ三メートルくらいある左右の門柱が備えられ、門柱の間は鉄柵の扉で閉じられている。門を通り抜けると、背の高い樹木が両側に並ぶ二〇〇メートル以上はありそうな並木道がまっすぐに延び、広い敷地にいろいろな施設が設営されている。

その並木道の手前側にある煉瓦造りの大きな建物の奥に軍人会館本館の二階建ての建物がある。並木道に沿って長さが一〇〇メートルくらいある大きな建物だ。一九四〇年に建てられたこの軍人会館に

軍人会館
二階の二〇室には「慰安婦」が配置されていた。

は、「慰安婦」が相手を務める個室だけでも二〇室あったとのことだ。この軍人会館で関東軍の将校らは、食べたり飲んだり踊ったりで優雅に過ごしたことだろう。

軍人会館は孫呉県人民政府により一九八七年に県級文物保護単位に指定されていて、軍人会館本館の正面入口の前に設置してある説明板には、中国語とイギリス語とロシア語で次のように記してある（青木訳）。

「軍人会館／軍人会館は将校クラブとも呼称され、日本軍将校級軍官の休息や娯楽のための高級慰安所として供用された。軍人会館は一九三九年に着工され、一九四〇年に竣工し利用が始められた。中心となる建物は二階建てで、コンクリートと煉瓦と瓦で造られている。建物は『丁』字の型をしており、一階には映画館や会議室や事務室や浴室が備えられた。二階には休息室が三〇室備えられ、そのうち二〇室には『慰安婦』が配置された。部屋には、二人用の豪華な床と化粧台や衣服タンスなどが備えられた。『慰安婦』は主に日本と韓国から来た女性で、将校級軍官とこの部屋で会い、淫楽な遊興にふけり奉仕した。文明金と呼ばれる韓国人女性はかつて第四号室で奉仕していた」。

並木道を突き当りまで進み軍人会館本館の裏側に回ると、本館建物はT字形になっていて、裏側にも二〇室ほど備えられていることが分かる。敷地の広さや、正面の並木道の立派な様子と併せ、相当に豪華な施設であったと想像できる。

一〇時五五分に軍人会館を出て、西方の孫呉市街の方向に進み、遜別拉河に架かる橋に二分弱で到着し、橋の周辺を確認する。この道路橋の北側二〇〇メートルか三〇〇メートルのところに、遜別拉河を渡る現在の鉄道橋が架かっている。その鉄道橋の手前の河岸に、「満州国」時代に利用された橋の橋脚だけが残っているのが見える。敗戦直前に日本軍が自らこの橋を爆破したとのことだ。現在の遜別拉河のこの辺りの両岸はきれいな公園に整備されている。この時は、公園で遊ぶ人は数名だけだが、休日などには大勢の人々が遊びにくるのだろう。

遜別拉河から西方に更に一分か二分進み、幹線道路上でバスを降りる。そこから歩いて北に向かい、すぐに鉄道線路を越える。北方のロシア（ソ連）との国境の町である黒河まで続く、「満州国」時代からある鉄道だが、日本の敗戦後にソ連が三〇〇キロにわたり線路と枕木を持ち去ったので、現在の鉄道は中国が新たに敷設したものだ。

さて、線路を越えると、その先に畑とちょっとした林が広がっていて、その一角の樹木がまとまって繁っている中に入ると、コンクリートの土台が残っている。これが、「満州国」時代に建てられた神社の跡だ。かつて、軍国日本の中国侵略に宗教が加担したことを銘記しておきたい。

神社跡から二〇〇メートルか三〇〇メートルくらい北の方にある「満州国」時代の火力発電所の建物が、神社跡の林の中から見える。次は、この火力発電所を確認する。

火力発電所
二階から四階まで吹き抜けの巨大な空間が広がる。

この火力発電所は孫呉県人民政府により一九八六年に県級文物保護単位に指定されている。その遺構として残っているのは、赤煉瓦造りの二階建ての事務棟と、一部が五階建てで主要部は四階建ての鉄筋コンクリート造りの発電所本体の建屋と、発電所建屋前に広がる冷却水用の巨大な貯水槽だ。この発電所跡は特に管理されているわけではなく、誰でも勝手に入れるようだ。

発電所本体の建屋内に入ると、かなり破壊されていて建物だけが残っていることが分かる。発電設備や金属類は日本の敗戦後にソ連が持ち去ったとのことだ。発電所本体の建屋の構造はいろいろ入り組んでいて複雑だが、大ざっぱに言うと、一階部分と、吹き抜け状態で一つの巨大な空間になっている二階から四階までの部分に分かれている。吹き抜け部分の広さは、バスケットボールのコートが二面くらい収まるようなかなり大きなものだ。柱や床や天井はかなり壊れているが、階段を使用して四階部分まで上がることができる。四階から見下ろすと、相当に大きな施設であることを実感できる。

このように、地震が来たら真っ先に壊れそうな建物が残っているのだが、安全柵とかの類は一切ない破壊されたままの状態なので、建屋内を歩き回るのは実際にはかなり危険ではある。こういう施設が放置され誰でも自由に入れるというのは日本では考えれないことだ。事故が起きると責任を問われるので、官僚が真っ先に立入禁止にするだろう。

発電所跡の見学を一二時少し前に終え、午前中の現場確認はここまでとする。そして、発電所跡から一〇分ほどで孫呉市街にあるホテルに戻り、ホテルの食堂で昼食を食べる。

昼食を終えたあと、午後一時頃にホテルを出発し、孫呉駅前を通る幹線道路を東に向かい、軍人会館の東方の幹線道路沿いにある忠霊塔に一〇分ほどで到着する。この辺りは孫呉の郊外になり、草原と畑が広がる地域だ。雑草が生い茂る中にある忠霊塔は、高さ二メートルほどの四段くらいの土台部分だけが残っているが、その土台部分もかなり壊れている。この忠霊塔のすぐ脇を鉄道が通っていて、私たちが忠霊塔を確認しているわずかな時間に、一両きりの黒い機関車が通過していった。

忠霊塔から更に東方に三分ほど幹線道路を進むと、小さな川が道路と交錯していて、小さな橋が架かっている。この橋でバスを降り、雑草が生い茂る川沿いの堤防を一〇〇メートルほど南に歩いた先に、川をさえぎる水門がある。水門はコンクリート製で、高さ数メートル・幅十数メートルくらいの大きさがあり、小さな川の流れに比べるとかなり大きな水門だ。この水門も「満州国」時代に造られたもので、水門の周辺に広大な畑が広がっている。

この水門から東方に一〇〇メートルほど離れた畑の中に、小さな体育館ほどの大きさがある三角屋根の建物が建っている。これが、日本軍（関東軍）下級兵士用の娯楽施設として利用された芙蓉荘だ。煉瓦造りの四方の壁に木造の三角屋根を備える構造の大きな建物だが、現在残っているのは四方の壁と木造の三角屋根と天井だけだ。建物の中は体育館のような空間があるだけで、部屋や仕切りはなくなっている。また、屋根も天井も相当に傷んでいて、あちこちに穴があき、空が透けて見える。かつて関東軍下級兵士が羽を伸ばしたであろう娯楽施設のにぎわいは想像することしかできない。

芙蓉荘からさらに東方にバスで五分ほど行った先に、一九三八年に建設された日本軍曽家堡《そうかほ》軍用飛行場の跡がある。かつて、滑走路二本と格納庫九棟が設置されていたその跡地に今は平坦な草原がただ広がるばかりだ。この辺りは雑草しか生えなくて畑にはできないということだ。飛行場跡にはセメント製の記念碑が立てられていて、「県級文物保護単位／侵華日軍曽家堡軍用飛行場／孫呉県人民政府／一九八七年八月二十日」と刻まれている。その記念碑の右側半分を塗りつぶすように白いペンキで落書きがされている。その落書きは「共産党」と書かれているようだ。

孫呉市街と近郊に残る「満州国」時代の遺構めぐりは、曽家堡軍用飛行場跡の確認が今回は最後になる。

孫呉勝山要塞

孫呉は平坦地（盆地）にあり、その広い平地の周囲を山地が取り囲んでいる。その平地内にある曽家堡軍用飛行場跡を午後二時前に出発し、幹線道路を東に向かい、ロシア（ソ連）国境にある関東軍孫呉勝山要塞に向かう。勝山要塞に向かうバスに揺られながら、孫呉の盆地はかなり広いと思う。

バスはやがて山間地に入り、孫呉県勝山要塞景区にある孫呉侵華日軍記念館に午後二時半に到着する。こじんまりした記念館の前にけっこう広い駐車場があるが、この時の来館者は私たちだけのようだ。一方、来館者を受け入れる側の記念館の職員もこの日は男性一人と女性一人の二人だけのようだ。

ここでは、まず最初に記念館を見学する。写真撮影禁止とされている記念館内のそう広くはない資料室に写真を主体に展示してあるが、他のいろんなところで見たことのある写真が多いという感じだ。また、遺品などの現物や解説の類の展示はほとんど無く、学芸員の確保などきちんとした研究体制が不足しているような印象を受ける。

記念館を見学したあと、私たち一行は二組に分かれ、無理すれば一〇人くらいは乗れる観光客用の電気自動車で勝山要塞の頂上付近まで移動する。電気自動車が通る山中の約二キロの道路は関東軍が駐屯していた時からある道路で、現在は舗装されている。男性職員が運転する電気自動車はそこを数分で駆け上がり、頂上付近にある勝山要塞指揮部・観測所に到着する。あとは余談だが、私たち一行の二組目の搬送中に電気自動車のバッテリーが切れ、二組目はそこから頂上付近にある指揮部・観測所まで歩くことになった。

さて、指揮部・観測所遺構の入口に解説板が設置してあり、次のように記されている。

「侵華日軍勝山要塞遺跡／指揮部・観測所／勝山要塞の最高峰にある指揮所。山体の中（地下）に建造され、階段を経て山頂に直接登ることができる。対岸の（ソ連の）動向を観察し、砲兵の射撃を指揮した」。

勝山要塞　指揮部・観測所
正面奥の地中にある階段を上ると山頂に出る。

その入口の辺りで宋吉慶さんが孫呉勝山要塞について次のように

説明してくれる。

「孫呉に幾つかある日本軍要塞の中で勝山要塞は代表的なもので、この周辺で一番高い山の中にある。勝山要塞からは、七キロか八キロ先のソ連（ロシア）国境が見える。勝山要塞に駐屯する二六九連隊の主要任務はソ連の動向の監視であり、監視情報を師団本部に連絡した。

勝山要塞には、大砲などを配備し塹壕を張りめぐらせる地上陣地と、山中（地中）に構築された地下陣地があり、山頂に近い指揮部の地下陣地は勝山要塞の司令部の役割を持っていた。この地下陣地は、露天掘りで陣地施設を構築したあと、一メートル以上の厚さのコンクリートで天上を固め、その上に土をかぶせて造られた。有名な東寧要塞のように山を掘り抜いて構築した地下陣地とは異なる造り方だ」。

宋吉慶さん（左）と富丹さん

勝山要塞の山頂にて。すぐ先にロシア国境が見える。

宋さんの説明を聞いているうちに、歩いてここまで登ってきた記念館の若い女性職員である富丹《ふたん》さんも案内に加わってくれる。

指揮部の地下陣地はソ連軍により大半が破壊されているが、正面入口に向かって右側（東側）の地下通路と工兵休憩室など三つの部屋は元のまま残っている。この通路と各部屋はコンクリートで強固に固められているが、床が三角柱状に盛り上がっている部屋もある。凍土の圧力で床面が割れて盛り上がったものだ。

かまどの跡が残る破壊された炊事場の奥にある地下配電室と、指揮部から山頂に登る地中（山中）の階段も当時のまま残っている。この階段は、幅が一メートルほどで頭上の高さも十分にあり、快適に上ることができる。山頂部の地下にある長い水平の通路もそのまま残っており、この通路の端から山頂（地上）に出る。

勝山要塞地上陣地の大砲
復元された大砲陣地が山中に何カ所もある。

山頂は平坦で樹木がうっそうと繁っているが、コンクリートで固めた観測所（監視所）の周辺三〇メートル四方ほどは草原になっている。この観測所は解放後に復元されたものだ。山頂からは、七キロか八キロ先になるロシア国境の黒龍江（アムール川）まで中国側の畑がずっと続くのが見える。その先に見える黒龍江の対岸はロシアだ。

山頂からロシア国境を確認したあと、記念館職員の富丹さんの案内で地上陣地を見て回る。樹林に覆われる山中に勝山要塞の遺構が点在しているが、コンクリートで固められた建物や地下室の多くはソ連軍により破壊されている。一方、大砲陣地跡の中には、後に復元され、実物大の大砲の模型が備え付けられているものも何カ所かある。

山中を歩くうちに、通信室や弾薬庫や地下兵舎や神社の跡も確認する。その中で、警備中隊遺跡という石碑が設置されている兵舎は、分厚いコンクリートで固めた半地下式の建物で、長さ五五メートル・幅九メートルの広さがあり、ほぼ完全に原型が残っている。その中には部屋が幾つもあり、食堂や炊事室も備えられている。

警備中隊跡からさらに先に進むと、野戦病院跡・兵舎・衛兵室・水源地などが続く。ソ連のＴ３４型戦車の実物大模型も展示されている。

このような感じで孫呉勝山要塞の確認を終え、案内してくれた職員の富丹さんに感謝の気持ちを伝え、勝山から孫呉市街に向かう。山間地にある勝山要塞を午後五時に出発してから一〇分も経たないうちに周囲は平原になり、孫呉の盆地を取り巻く山地が遠方に見えるという感じになる。平地には畑が延々と広がり、大豆やトウモロコシのほかインゲンなども栽培されている。

勝山要塞を出発してから三十数分で、勝山に来る前に確認した下級兵士の娯楽施設・芙蓉荘の脇を通過する。このあと、水門・忠霊塔・軍人会館・遜別拉河道路橋・神社跡・発電所を次々に通過する。信号の無い幹線道路を停止せずに走る帰り道だと、芙蓉荘から発電所まで五分程度だ。そして、発電所を通過してから一〇分もしないうちに、孫呉市街地にある宿舎のホテルに着く。孫呉市街と近郊の狭い範囲に「満州国」時代の遺構が集中していることを改めて認識する。市街から少し離れたところにある勝山要塞でも、孫呉市街までの所要時間は五〇分弱だ。

さて、孫呉はそれほど大きな町ではないが、六階か七階建てのビルやアパートが建ち並び、あちこちで建築作業が進行中であるのは中国の他の町と同じ光景だ。しかし、沿海部の都市に比べると市内の交通量はずいぶんと少なく、市街の主要な通りでも車の台数は少ない。

この日の夜八時ころ、孫呉駅の背後（北方）辺りから花火が打ち上げられ、地元の人たちも屋外に出て花火を楽しんでいる。花火の炸裂音ははなはだしく大きいが、夜空に広がる花火の形はいびつで、日本の花火のように丸くは広がらない。とはいえ派手な花火だ。花火の打ち上げは二〇分ほどで終了し、あとは静かな夜に戻る。

孫呉から黒河へ

訪中六日目の八月二八日、この日は八時三〇分に孫呉市街にあるホテルを出発したが、孫呉市内のガソリンスタンドで給油するのに三〇分も待たされたので、実際に孫呉を出るのは九時ころになる。そして孫呉から高速道路をひたすら走り、璦琿を経て、ロシア国境の町・黒河に向かう。

バス車中で宋吉慶さんが、黒龍江省北部のソ連（ロシア）国境地帯に展開された日本軍（関東軍）要塞群の情況を以下のように説明してくれる。

「満州族が霍爾莫津（フォルモージン）と呼ぶ孫呉地区にある、関東軍第五国境守備隊が駐屯していた要塞群は昨日確認した。その北方に、第六国境守備隊が駐屯していた璦琿地区の要塞群がある。璦琿には、潮水《ちょうすい》・西崗子《せいこうし》・北鎮台《ほくちんだい》など数多くの陣地があるが、これらの陣地は全て山の中に造られていて、今は道路もない原生状態にある。

璦琿の北方に、第七国境守備隊が駐屯していた黒河地区の要塞群がある。ソ連（ロシア）との国境である黒龍江（アムール川）に一番近い位置にある要塞群で、北門鎮《ほくもんちん》陣地がその中心になる。北門鎮陣地には地上陣地の他に地下陣地も構築されていて、かつては地下陣地に照明が備えられ説明用の展示もあった。しかし、その後、管理する人がいなくなり、現在は、地下陣地に入るのに電燈を持参する必要がある。黒河の先に、第一三国境守備隊が駐屯した法別拉《ほうべつら》地区の要塞群がある。そこは整備されていないので、一般の人が見学することはできない。」

さて、孫呉から五〇分ほどで潮水村の集落に着き、高速道路の路肩にバスを停め辺りを眺める。高速道路から東方に二キロか三キロのところに低い山並みが見える。その山中に璦琿潮水陣地が、関東軍第六国境守備隊が駐屯していた当時のままの状態で残されている。しかし、道路が整備されていないのでバスなどでは潮水陣地に入ることはできないとのことだ。

潮水から十数分、孫呉からだと一時間一〇分程で璦琿のサービスエリアに着き小休止する。このサービスエリアの西方に見える山中に璦琿北鎮台陣地がある。しかし、北鎮台の周辺に現役の中国軍が駐屯しているので、今は付近に立ち入ることはできない。

これらの関東軍要塞群が点在する山々を眺めながら北に向かい、黒河市内の繁華街にある黒龍江公園に一一時に到着する。黒龍江公園は、ロシアとの国境である黒龍江（アムール川）の中国側河畔に三キロにわたり続く公園だ。黒龍江の川幅はこの辺りで七五〇メートルあり、その川幅いっぱいに満々と水をたたえる大河だ。今は増水期を迎えていて、川の水は土色に濁っている。冬は氷点下四〇度にもなることがあり黒龍江に氷が張る。氷の厚さは一メートル以上になり、歩いて国境を渡ることができる。

黒龍江の対岸は、ロシアのアムール州の州都・ブラゴベシチェンスク市で、人口は三〇万人。その町並の様子が黒龍江公園からよく見える。黒河は、そのブラゴベシチェンスク市と簡単に行き来できる国境の町で、人口は一七〇万人余。そのうち二〇万人が市内に住んでいる。

さて、黒龍江公園にやってきた私たちは、黒龍江の流れや対岸のブラゴベシチェンスク市の様子をしばらく眺めたあと、黒竜江の中州にある黒河口岸（税関）を覗いてみる。黒川口岸からは連絡船で、冬の間はホバークラフトで国境を越えロシアと往復できる。中国人の場合は、五人で団体ビザを取得してロシアに往来する。ロシア人は、一週間以内であればビザ無しで黒河市内に自由に滞在できる。黒河に来て週末や休日を過ごし、物価の安い中国でたくさんの商品を買い込み、大きな旅行カバンに詰め込んで帰りの船に乗り込むというのがロシア人の日常だ。この日も、大きな荷物を詰め込んだ大型の旅行カバンを二つも三つも引きずるロシア人が黒河口岸にたくさん集まり、連絡船の出航を待っている。ロシア人を乗せたタクシーが黒河口岸に着くと、大勢の中国人運び屋が殺到する。荷物を運んでチップを稼ぐのだが、誰が荷物を運ぶかで何人もの運び屋がケンカ腰で争う様子を頻繁に見かける。

黒河要塞北門鎮陣地

この日の午後は黒河要塞の北門鎮陣地を確認する予定だ。黒河市内の繁華街にある食堂で昼食を食べたあと、午後一時半ころに黒河市街を出発し、市街地から八キロのところにある小高い丘陵に設営されたテレビ中継基地に二〇分ほどで到着する。このテレビ中継基地の裏手に黒河要塞北門鎮陣地がある。「満州国」時代にも、小高いこの丘陵から、黒龍江の対岸のソ連（ロシア）領を監視することができた。その地に今はテレビ中継基地が建設され、背の高いテレビ中継塔が設置されている。

そのテレビ中継基地の正門前から中継基地の外壁に沿って裏手に回ると森林が広がっていて、そこに北門鎮陣地がある。さっそく、地元のガイド・郭建忠さんと宋吉慶さんの案内で、森林の中に残る北門鎮陣地跡を見て回る。地上に造られた建物や砲台など各種の施設はソ連軍によりほとんどが破壊されていて、巨大なコンクリートの塊と施設の跡があちこちに点在している。一方、縦横に張りめぐらされた塹壕は、その様子が分かる程度に原型を留めている。

北門鎮陣地にも地下陣地が構築されたが、地下陣地は原型をかなり留めた状態で現存しているようだ。現在は特に管理されていないので、地下陣地内に見学用の照明設備などは無い。それぞれが懐中電灯を持ち、郭さんの案内で地下陣地に入る。地下陣地内は涼しいので、暑い夏は快適だ。地下の通路はけっこう広く、歩き回るのに支障はない。かなり広い部屋もたくさんある。それぞれが分厚いコンクリートで頑丈に造られているが、たくさんの箇所でコンクリート壁中の鉄筋が剥ぎ取られている。鉄筋は高く売れるので盗み取られたのだ。

一時間ほど北門鎮陣地を確認して回ったあと、テレビ中継基地に再び戻る。黒河要塞の中でも重要な拠点である北門鎮陣地ですら現在は何も管理されず放置されているが、史跡としてきちんと保存してほしいと思う。

さて、国境の町の黒河にせっかく来たのだからということで、北門鎮陣地を確認した後は、遊覧船に乗り込み黒龍江（アムール川）の川下りを楽しむ。

黒河とブラゴベシチェンスクの辺りは、国境線である黒龍江がほぼ南北方向に流れていて、東側にロシアの町並が、西側に中国の町並が見える。この辺りで川幅が七五〇メートルある黒龍江のロシア寄りの側には、ロシアの遊覧船が大勢の観光客を乗せ運行している。黒龍江の川下りは、四方を海に囲まれる日本に暮らす日本人にはなかなか興味深い。国境という人為的な境界が持つ意味とか重みは、この辺りに住む人々には、日本人が感じるよりはるかに低いのだろう。

黒龍江の川下りを楽しんだあと、黒河市内を一時間ほど散策する。黒河市内の繁華街にロシア語の看板が林立し、たくさんのロシア人が買い物をしたり食事やおしゃべりを楽しんでいる様子に何の違和感もない。年に延べ一一〇万人くらいのロシア人が黒河を訪れ、国境を越えて商品を持ち運ぶ「担ぎ屋」も盛んだ。

宋吉慶さんの話

黒河を訪ねたこの日の夜、ホテルの一室に集まり宋吉慶さんから話を聞く。この時は、参加者の質問に宋さんが答えるという形式で会を進めたが、宋さんが順不同で説明してくれたことを以下に整理しておく。

ソ連国境地帯に造られた関東軍要塞群は、ドイツなどの事例を参考に要塞建設の専門家が設計している。そして、一九三四年から一九三七年にかけて第一期の要塞群建設が実施され、第一から第八までの要塞群が計画通りに構築された。ハイラル要塞はこの時に第八要塞として建設された。第二期の要塞群建設は、一九三六年末から一九三九年にかけて実施され、第九から第一四までの要塞群が構築された。第三期の工事は一九四一年から進められたが、既に構築済みの要塞群の拡充が主な実施内容だ。この時期になると、日本の国力が低下しているため鉄筋を入手できなくなり、コンクリートだけで建設されるなどの状況になっている。

要塞建設のため大量の労工が必要となるが、中国人労工はいろいろな手段を用いて集められた。その一つは嘘の「労工募集」だ。賃金や食事や宿舎など条件の良い仕事だと嘘を言ってだまし、二〇元とか三〇元を先に支払うなどの策も用い、華北などで貧しい農民らを集めた。そして、一旦東北地方（「満州国」）に連れてきてしまうと後は連絡も取れなくなり、当人の消息は家族にも分からなくなる。

労工集めは関東軍が民間業者に指示し、指示された人数を民間業者が集め軍に引き渡したが、募集の形を表面的に取り繕うことすらしないで、有無を言わさず暴力的に農民らを捕まえ強制連行することも行なわれた。軍と関わる民間業者は、食料や物資を管理する軍の専門部隊の指示と管理の下で、食料や資材の調達も行なった。

労工を集めるもう一つの方法は、「満州国」内で実施された勤労奉仕だ。この村は何人、あの集落は何人などと割り当て、強制的に要員を供出させた。家族全員が連れ出された例もある。「満州国」内で行なわれた勤労奉仕は、その当時はきちんとした記録が保存されていたが、日本の敗戦時にほとんどの記録が処分され、一部しか残っていない。

このように、いろいろな手段で大量の中国人が労工として集められたが、どれほどの人数が動員されたのかは、中国にも日本にも記録が無いので正確には分からない。しかし、いろいろな情況を考慮し、労工として動員された中国人の人数を推定している。

要塞など軍事施設の建設工事には、だまして集めた農民や特殊労工とされた捕虜など遠方（華北以南）から連行してきた中国人を利用した。そして、要塞建設に従事させられた労工はほぼ全員が死亡した。宋さんは、要塞建設に従事した経験がある生存者の存在を知らない。

道路や鉄道など関連施設の建設には、勤労奉仕という名目のただ働きで「満州国」内で徴用した中国人労工を主に利用した。最初は半年とか一年の約束で勤労奉仕に駆り出されるが、奉仕期間は途中で延長される。

要塞建設工事は、周辺に住民などが誰もいない山の中でいずれも行なわれたので、工事現場に外部からの監視の目はない。そういう現場で厳しい工期が決められ、どの現場でも同じように過酷な労働を労工は強いられた。東寧の地下要塞工事も一日でも早い完成を要求され、三交代の二四時間連続で作業が続けられた。東寧では、冬の寒い間はコンクリートを打つ作業はできないが、地下要塞の穴掘りは冬の間も行なわれた。夏でも寒い地下だが、冬は地上より暖かいのだ。

労工の宿舎は、中央の通路をはさんで両側に寝床が並ぶ形式のものが多いが、山にある雑多な木や枝でいいかげんに作られているので、屋根は雨漏りを防ぐことができず室内に水がたまる。また、隙間だらけの壁は風を防ぐことはできず、東北の冬の寒風が吹き抜けた。作業服が与えられる事例もあったが、労工の服はすぐにボロボロになり、セメント袋で体や手足を包んで寒さに耐えるしかない。布団の類も貧弱で、冬の酷寒に労工は苦しめられた。夏は夏で暑さと蚊に悩まされる。

日本が太平洋戦争に突入する前は、ある程度の食事は労工用に確保されたが、太平洋戦争に入ると食事は悪化し、満足に食べることはできなくなる。

要塞工事現場に連れてこられた中国人労工は、衣食住とも劣悪な条件の下で重労働を強いられ、半年とか一年で次々に倒れる。動けなくなった労工は、今晩送別会を開くなどと言ってだまし、トラックに乗せて人捨て場に連れ出し、そこで殺害した。寒い冬は地面が凍り、死亡した労工を埋めることはできない。死体は凍ったまま放置しておき、夏になると穴を掘り地中に埋めた。惨状を隠すため、墓を作って一部の遺体を埋めるというようなことも行なわれた。

吉林省のある村は四〇〇〇人を労工として供出したのに一〇〇〇人しか帰らなかったというような記録が一部で残ってはいるが、要塞工事は軍事機密なので、労工の死者数も死体を処分した場所も詳しいことは分からない。

山地の地形を存分に活用し、ソ連の戦車も想定し、対ソ戦に備える要塞群を十年余をかけて関東軍は構築した。しかし、関東軍の要塞に関わる情報をソ連は開戦前に既に入手している。

関東軍は（一九四五年）九月の開戦を予想していたが、早目に準備し夜間に闇に紛れて戦略要地に移動し開戦に備えていたソ連は、八月九日に一五〇万人の兵士と戦車五〇〇〇両や飛行機五〇〇〇機を投入し、「満州国」の東部と北部と西部の三方面からいっせいに攻撃を始める。戦車は陸上専用車と水陸両用車があり、黒龍江（アムール川）を船で搬送されてきた。

そして、まず最初に榴弾砲と飛行機で爆撃し、その後に戦車と歩兵が攻撃を加える。中国人の命を犠牲にして関東軍が構築した強固なはずの要塞だが、ソ連が攻撃を始めると要塞は何の役にも立たず、関東軍はまたたくまに壊滅した。

さて、性暴力被害者の調査にも関わっている宋さんは、解放後も孫呉でずっと暮らした文明金さんという性暴力被害者のことも次のように話してくれる。

文明金さんは一九一九年に五人姉妹の長女として韓国の農村に生まれた。そして年頃に育った文明金さんは、ある日、良い仕事があると誘われ、七人か八人の一六歳から二〇歳くらいの韓国の少女と共に中国東北地方（「満州国」）へ行く。少女たちが連れて行かれたのは、孫呉の高級娯楽施設である軍人会館だ。

軍人会館の二階には小さな部屋がたくさん並んでいて、文明金さんは四番目の部屋に入れられる。そこへ五〇歳くらいの日本人が入ってきて、文明金さんは服を脱がされ強姦される。翌日、韓国の少女たちは集まり、みんなが泣いた。その時から性奴隷（「慰安婦」）であることを強制され、日曜日には十数名の日本人将校の相手をさせられた。逃げ出しても捕まえられ虐待されるので、逃げ出す少女はいなくなる。

一九四五年八月にソ連軍がやってきて解放された。しかし、二十数名の性暴力被害者は故郷の家に帰ることはできず、現地で亡くなる人もいた。文明金さんは孫呉で結婚し、三〇年間静かに暮らす。最後に、韓国で暮らす親類と会うこともできた。

これらの侵略当時の話に加え、日本と中国に関わる現在の情況についても宋吉慶さんは言及し、日本人は侵略の歴史を教えられていない、中国と日本の歴史認識が異なるのは日本政府の政策が誤っているからだと指摘する。そして、中国で見聞したことを日本で伝えてほしい、中国にまた来て加害現場を自分の目や耳で確かめてほしい、質問があれば連絡してほしいと話し、宋吉慶さんはこの日の話し合いを締めくくる。

この後、夜の黒河の街に一人で散歩に出る。そして、宿舎のホテルの近くの路上で夫婦連れが、黒河駅に近い大通りの路上で女性が一人でそれぞれ紙銭を燃やしているのに出会う。中国ではこの日は、先祖の墓参りをするお盆の行事の日で、故郷に帰れず墓参りができない人は、それぞれが暮らす町で紙銭を燃やして先祖に届けるということだ。紙銭を燃やす人を昼間も町で見かけたが、この日のうちに先祖に届けないといけないというので、夜になってから街中の路上で紙銭を燃やす人もいるということだ。

黒河からハルピンへ

訪中七日目の八月二九日は、黒河からハルピンへただ移動するだけの一日だ。出発地の黒河から目的地のハルピンまで片側二車線の高速道路が完備しているので一昔前より格段に便利になったはずだが、バスの運転手は制限速度を厳守して走行するので、六〇〇キロに近い道中はそれでも遠い。黒河からの帰路、孫呉の前後でかなり長い距離にわたり森林が続く。孫呉のかなり手前から小興安嶺山脈に入るということのようだが、山はいたってなだらかで、道路の勾配も緩やかだ。孫呉周辺の森林地帯を過ぎるとあとはひたすら平原が広がり、畑や田が延々と続く。そして、朝八時過ぎに黒河を出発した私たちは、一一時間近くのバス移動を経て、午後七時ころにハルピンに到着する。

劉連興さんの証言

訪中八日目の八月三〇日。この日は、ハルピン市内にある宿舎のホテルで、孫呉の関東軍要塞の建設工事に幼年工（労工）として従事させられた経験を持つ劉連興《りゅうれんこう》さんの話を聞くことになっている。

ハルピン市内に住む劉連興さんは孫娘に付き添われて朝九時頃にホテルに到着し、会場のホテルの一室に入る。この席に、ハルピン市社会科学院七三一研究所の楊彦君《ようげんくん》副所長らも同席している。

八三歳の劉連興さんは、将来の中日友好のため、そして歴史事実を知るため日本人の私たちが中国に来てくれたと喜び、私たちを歓迎しこの面会を嬉しく思うと冒頭に話す。そして、しっかりした口調で劉連興さんは話を始める。最後の質疑でのやりとりも含め、劉さんが話してくれたことをまとめておこう。

劉連興さんは一九三〇年に、孫国県の貧しい農家に一〇人兄弟の長男として生まれる。

一四歳で国民小学校を卒業すると、役場から二人の役人がやってきて、孫呉にある満鉄会社が労働者を募集していると紹介される。食事と宿舎は会社から支給され、給料をもらいながら技術を習得できるという説明に誘われ劉さんは募集に応じることに決め、応募者として名前を登録する。二人の役人は日本人から命令を受け幼年工を集めるため嘘の説明をしているのだが、就職して技術を身に着けることができると喜んで劉さんは募集に応じた。一九四四年一二月八日のことで、劉さんはだまされているとは少しも思っていない。

劉さんらはさっそく馬ゾリに乗せられ孫呉にやってきた。すると、満鉄会社に就職するという話だったのに、連れて来られたのは関東軍二六四五部隊だ。

二六四五部隊で劉連興さんらが収容された宿舎は飛行場の近くにあったが、周囲は高圧電気が流れる柵で囲まれ、柵の出入口で門番が警備し、監視塔（望楼）が設置され、労工を監視する軍用犬も飼われているなど厳しい警戒ぶりだ。そのうえ、収容された暗い小屋は、板や泥で固めた壁を備えるだけの簡単な作りで、酷寒の冬の風が吹き抜け雨漏りもする部屋だ。この部屋に二〇〇人が詰め込まれ、寝るときの場所

劉連興さん
侵略下の体験を劉さんが日本人に話すのは初めてのこと。

は一人当たり五〇センチほどだ。この小屋に入れられ、劉さんといっしょに連れて来られた六人の級友は驚き、そしてみんなで抱き合って泣いた。

当時の劉連興さんらは知る由もないことだが、その当時の孫呉は「満州国」北部地区で一番大きい兵站基地であり、一〇万人の関東軍部隊が駐屯し「大きな孫呉、小さなハルピン」と言われていた。そして、宿舎の小屋の近くには日本軍将校専用の高級クラブ・軍人会館があり、そこには中国人と朝鮮人と日本人の「慰安婦」が収容されていた。

さて、二六四五部隊には一万人以上の一般労工と三〇〇人の幼年工がいて、劉連興さんらは幼年工として処遇されるが、老労工と呼ばれる一般労工と幼年工の違いを説明しておこう。まず、老労工は、華北以南を含む中国各地から集められ、一年か二年の期間を区切って仕事というか労役だけを強いられる。一方、幼年工は黒龍江省内から集められた。幼年工の年齢は一五歳から一八歳で、国民学校六年を卒業しているので、文字の読み書きができる。そして、幼年工には期間の定めは無く、日本の文化に馴染むように「教育」を受ける。

関東軍二六四五部隊で劉さんは、他の二〇〇名の幼年工といっしょに一つの中隊に組織された。中隊の管理者は花白（はなしろ）という人で、士官の肩書を持っている。また、高橋と伊藤という二人の班長がいた。そして、箸、お椀二つ、毛皮の帽子、黒い制服、綿の靴が支給され、劉連興さんら幼年工の孫呉での生活が始まる。

毎朝、出欠の点呼のあと、東に向かい宮城遥拝を行ない「キミガヨ」を歌う。そして、「前へ進め」「右へならえ」などの号令に従い体操をする。食事の時は、「食事はじめ」の号令に対し「いただきます」と唱和し食べ始める。小便や大便の用をたす時は、全て報告してから行なう。日本語の専門学校があり日本語を強制され、王道楽土や大東亜共栄圏などの思想を教え込まれるなど天皇の名の下に奴隷化教育が行なわれたのだ。奴隷化教育の中で軍事訓練も行なわれ、戦場に送られる可能性もあることを劉さんは覚悟していた。「キミガヨ」「シナの夜」など日本の歌謡曲や軍歌を劉さんは今でも憶えている。

さて、関東軍二六四五部隊には、木工工場・洗濯場・土建工事現場などいろいろな施設やいろいろな労働現場がある。その中で、劉さんら幼年工は木工工場に配置され、軍人による作業指揮の下で、弾丸入れや薬箱や味噌を入れる箱など木の箱を作る作業を冬季は毎日一〇時間、その後は毎日一二時間やらされた。板に釘を打ちつけて木箱を作るのだが、一日五〇個作るのがノルマで、五〇個作ると休むことができる。休み時間は午前中に三〇分、午後も三〇分あった。

木工工場に配置された幼年工三〇〇名は、木箱製作のほか、列車の荷役、布団作り、漬物作り、洗濯など何でもやらされた。

木工工場でいっしょに働く老労工の中には五〇歳以上の人もいる。どの老労工も髪が長く顔は黒ずんでいて汚ない。着ている綿入れはボロボロで綿がはみ出している。また、靴が無いので、南京袋をヒモで足に縛り付けていた。そして、水を飲むための缶詰めの缶を腰にぶら下げている。その様子を思い出すと劉さんは心が痛む。

食事は、主食の八割はコーリャンのごはんで、他にトウモロコシとドングリの粉を混ぜたものが出された。ドングリの粉を食べると数日は便が出なくなる。主食以外に、ダイコンか白菜の入ったスープが付き、ダイコンに味噌を付けて食べたりもした。野菜はこれだけだ。木工工場では、朝鮮人や開拓団の日本人もいっしょに働いているが、朝鮮人や日本人の食べるものは中国人の食べるものよりずっと旨そうに見えた。

宿舎は湿っぽくて臭くて日本人はマスクをかけるほどだが、その上に黒龍江省の冬の寒さが加わる。南京袋や毛布を体に巻き、セメント袋をヒモで足に巻きつけ寒さをしのぐのだが、寒さに空腹が重なり倒れたこともある。劉さんは足がリューマチ性の関節炎になったが、病気になっても誰も面倒をみてくれない。

春節を迎へると、少し豪華な食事が用意されマントウが二個支給された。しかし、春節は仕事を休んで家族といっしょに過ごしたいと三〇〇人の幼年工が全員そろってストライキを実行し、三日間仕事も食事も拒否する。家族が恋しくて、布団をかぶってみんなが泣いた。

幼年工が仕事をしないので日本兵が怒り、劉さんらはベルトで殴られる。さらに罰として、お互いを殴り合う対抗ビンタをやらされた。手加減して殴ると日本兵が怒り、こうやって殴るのだなどと言われて思い切り殴られ、劉さんは歯から血が流れた。

別のある日のことだ。劉さんはうっかり日本兵とぶつかってしまう。その日本兵に劉さんは張り倒され蹴とばされるが、「キオツケ」と言われると、立ち上がって「ハイ」と返事をしなければならない。このときベルトで殴られた傷が、劉さんの左目の上に残っている。

一方、日本人の中にやさしい人もいる。怪我をして血を流したとき、荒川という班長はこっそり手当をしてくれた。また、風邪で三日間寝込んだとき、荒川班長がおにぎり二個をこっそり持ってきてくれたので劉さんは嬉しくて涙が出た。荒川班長は、劉さんと同じ年くらいの子がいるが妻は死んだ、早く戦争を終わらせたいと話す。やさしくしてくれる荒川班長を劉さんは父さんと呼んだ。

中国人労工は病気になると病棟に隔離されるが、誰かが面倒を見てくれる訳ではない。病気になった労工は、薬も無く食事もろくに与えられないまま放置され、死亡すると死体は外に放り出された。

ある時、同じ部屋の一八歳の幼年工が風邪で高熱を出し意識不明になる。すると、コレラに感染していると言われ、まだ生きているうちに山に埋められてしまった。日本鬼子には人間性が全くないと劉さんは怒る。

一九四五年五月になると、幼年工三〇〇名の中から、別の場所で働く一〇〇名が募集される。新しい仕事の内容は知らされなかったが、軍営の外に出ると言われたので、劉さんは募集に応じ移動することに決める。この一〇〇名には、自ら募集に応じた者のうち体格ががっちりしている者が多く選ばれた。残った二〇〇名は同じ木工工場でそのまま働き続ける。

ある日、選ばれた一〇〇名は目隠しされ、覆いをかけたトラックに乗せられ北に向かう。そして、連れていかれた先は孫呉勝山要塞だ。

勝山要塞での仕事は塹壕掘りで、一日に一四時間ひたすら働かされる。黒龍江省の冬は気温が零下三五度にもなり、凍りついた地面を掘ったりコンクリートを打ったりする作業はできないので、五月から一〇月くらいの間に要塞建設工事を進めるようだ。重労働なので食事は良くなり、白いマントウや肉も食べた。

冬の間、労工が何をしているのか劉さんは知らないが、劉さんが働かされた工事現場では、夏のこの時期には二〇〇人から三〇〇人の老労工が働かされていた。この時はこの老労工たちは知らなかっただろうが、工事が終わってもこの老労工たちは生きて帰れなかったはずだ。要塞の秘密を守るため、工事に関わった老労工は、どんな手段によるのかは知らないが全員が殺されるからだ。塹壕掘りの作業をしているときに、人骨が大量にころがっているのを劉さんも見たことがある。また、現場から五キロくらい離れたところなど、遺骨がまとまって捨てられているところは他にもあった。しかし、当時の劉さんは、幼年工が殺されるなどとは思ってもいなかった。

さて、劉さんらが木工工場や勝山要塞の工事現場で働いているうちに日本軍は南方で負け続け、「満州国」の日本兵は大量に南方に送られている。一九四五年八月には孫呉の日本軍部隊にも兵隊は少数しか残っておらず、管理もできない状態になっていて、何かが起きても不思議ではないような雰囲気だ。

そして八月九日にソ連が参戦する。フォルモージン（孫呉）地区にも一〇機以上のソ連軍飛行機が飛んできて爆撃される。孫呉市内の発電所も爆破された。ところで、劉さんは、ソ連軍の飛行機が落とす爆弾のことを「ショウイダン」と言う。「ショウイダン（焼夷弾）」という日本語を今でも鮮明に憶えているようだ。

ソ連の参戦で日本軍部隊は混乱状態になり、老労工も劉さんら幼年工も広場に集まり逃げ出そうとする。しかし、出口には四名の日本兵が歩兵銃でなく機関銃をかまえていて、「近づくな。近づくと殺すぞ」と大声で制止する。老労工はこれにひるまず、「ソ連赤軍が助けに来た。同胞たち、みんなで逃げよう」と叫び、出口に殺到する。そして多くの労工が脱出することができた。

劉さんと同じ村から連れてこられた六人の級友のうち孫呉大橋に集まった三人は、どこにどうやって逃げるのか相談し、道路を歩くのは危険なので山を歩き、孫呉の東方にある故郷の村に帰ることに決める。そして三人は山に入る。

このあと、故郷の村に向かう途中で、たくさんの日本人が集団で死んでいる現場を劉さんたちは通りかかる。この現場に遭遇した劉さんら三人は、日本人の死体から服と靴と軍刀を剥ぎ取り、それを身に着けて逃走を続けた。

さて、日本人が集団で死亡する（殺害される）様子を劉さんは目撃しているわけではないが、後に知見を得て、この凄惨な情況を劉さんは次のように説明する。

天皇のために戦うのだと信じている日本兵は死んでも降伏しないし、捕虜にはならない。そして、一般の日本人に対しても、軍の命令だから自決しろと毒薬を与える。子どもを抱き毒薬を拒否する母親を子どもと共に日本兵は殺害し、最後に当人も自決する。毒薬を飲みたくないと躊躇している人たちを、日本兵が手榴弾を爆発させて殺害するなど凄惨な情景だ。日本兵の中には、身を守るため軍刀など武器を持って逃走する者もいたようだ。

こんな凄惨な実態を知れば戦争はできないだろうと劉さんは話す。

さて、孫呉大橋に集まり、そこから山に入った劉さんら三人は、川を三本渡り一〇日間歩き続け、もう山から出ても大丈夫だろうと考えるようになる。こうして劉さんら三人は故郷の村に帰ることができた。まだ帰って来ない三人の級友の親に、三人はどこに行ったのかと劉さんは聞かれるが、三人の行方は劉さんにも分からなかった。

劉さんの級友のうち帰って来ない他の三人はどうなったのだろう。

実は、劉さんたち三人が孫呉から故郷の村に向かい山中を歩き、他の三人も同じように故郷の村に向かっていたであろうころ、フォルモージン（孫呉）地区に入ったソ連軍のある一個小隊三〇名の兵士が三〇名くらいの日本兵によりヨウトン村で殺害されるという事件が起きる。この時、日本兵は中国人民の服を着ていたので、中国人がソ連兵を殺害したのだとソ連軍は勘違いし問題になる。

ソ連軍は、戦車五輌と多数の兵士をヨウトン村に派兵し、一七歳か一八歳以上の一〇〇名ほどの男全員を学校の庭に集め、ソ連は中国のために出兵したのになぜソ連兵を殺害するのかと問い詰める。そして夜七時ころ、この一〇〇名はソ連軍に機関銃を乱射され殺害された。この惨劇はヨウトン事件と呼ばれている。この時、劉さんの級友三名は偶然ヨウトン村にいて事件に巻き込まれ、三名とも殺害されてしまったのだ。

この時、同じように偶然ヨウトン村にいた老労工の李さんも校庭に集められた。しかし、機銃掃射を受けるとき李さんはすぐに伏せて被弾を免れる。そして、李さんの上に死体が折り重なる。機銃掃射のあと、倒れている人をソ連兵が短い銃剣で刺して死んでいるかどうかを確認して回る。李さんも銃剣で刺されたが、死んだふりを通した。深夜になってから、他の二人と連れだって虐殺現場を逃げ出し、婚約者がいる故郷の村に帰ることができた。劉さんの級友三名が殺害されたことは李さんから伝えられた。

劉さんといっしょに孫呉の木工工場で働かされた三〇〇名の幼年工のうち三〇名から四〇名は、飢えや病気や事故などで解放前に死亡した。劉さんの三名の級友のように、抗日戦争勝利後に故郷に帰る前に死亡した者もいる。そして、現在生存しているのは、劉さんを含め五名だけだ。

劉連興さんは、「満州国」時代の幼年工の体験を以上のように話してくれた。

さて、抗日戦争に勝利したあと中国は内戦になる。劉さんは一九四七年に八路軍に加わり革命に参加し、新中国建国に貢献する。一九五〇年に八路軍を退役したあとは孫呉県庁で働き宣伝部部長を務める。その後、黒河市計画委員会に移り農林課長と農林局長を歴任し、一九九九年に定年で退官した。

かつて劉さんは、中国共産党遼寧省委員会幹部学校の李秉剛《リビンガン》教授に(注一二)「満州国」時代の体験を話したことがある。それが縁で今回私たちが劉さんの話を聞けることになったのだが、「満州国」時代の体験を劉さんが日本人に話すのは今日が初めてだということだ。しかし、その劉さんは、日本の政府関係者から要請を受けても彼らには話さないという。日本が中国を侵略し多大な被害を与えたことを日本政府が認めず、事実を歪曲しているからというのが劉さんが話さない理由だ。

日本軍国主義者が行なった侵略で、中国人民と共に日本国民も被害を受けた。中国人も日本人もたくさんの人が犠牲になり苦しい生活を強いられた。この歴史を忘れてはならないし、事実を歪曲することは許されない。日本の一般の人々には侵略の責任はない。平和こそ大切であり、他国を侵略してはならない。中日両国人民は交流を続けて豊かな国をつくり、幸せになるよう努力しよう。

こんなことを訴え劉さんは話を終える。

帰国

この日の午前中の劉さんの話で、今回の訪中で予定している行事は全て終了した。この後は、ハルピン発の飛行機で日本に帰るだけだ。

今回の訪中で、ハルピンを起点に「満州国」西端のハイラルとノモンハンを訪ね、北端の孫呉と黒河を往復し、中国の広大さを改めて実感する。こんな偉大な国に侵略し勝つことを信じていた当時の日本の「指導者」を愚かだと思う。そして、過去を学ばず反省することも知らない現在の日本の「指導者」や「政治家」と政府の官僚をそれ以上に愚かだと思う。

第三章　ソ満国境地帯に関東軍要塞群を訪ねる　注記

（注一）青木茂著『偽満州国に日本侵略の跡を訪ねる』日本僑報社、二〇〇七年、一五頁・四七頁

（注二）青木茂著『偽満州国に日本侵略の跡を訪ねる』日本僑報社、二〇〇七年、一七八頁
　本書『日本の中国侵略の現場を歩く　撫順・南京・ソ満国境の旅』二八頁

（注三）青木茂著『万人坑を訪ねる　満州国の万人坑と中国人強制連行』緑風出版、二〇一三年

（注四）宋吉慶・高暁燕・他著『東寧要塞』黒龍江人民出版社（中国―ハルピン）、二〇〇二年
　徐占江・李茂傑編『日本関東軍要塞（上・下）』黒龍江人民出版社（中国―ハルピン）、二〇〇六年（この本の著者の一人が宋吉慶さん）

（注五）海拉爾（ハイラル）市対外文化交流協会編『中国・海拉爾（ハイラル）』外文出版社（中国―北京）、一九九三年

（注六）関東軍要塞群については次の資料などを参照

黒龍江省革命博物館・東北烈士記念館日本関東軍〝満〟ソ国境陣地遺跡考察団著　森川登美江訳『日本関東軍〝満〟ソ国境陣地に対する初歩的な考察と研究（上）』「北方文物」一九九五年第三期総第四三期

高暁燕・宋吉慶・他著『東寧要塞』黒龍江人民出版社（中国―ハルピン）、二〇〇二年

徐占江・李茂傑編『日本関東軍要塞（上・下）』黒龍江人民出版社（中国―ハルピン）、二〇〇六年

（注七）二〇〇五年八月に、黒龍江省の抗日戦争史研究会所属の研究者たちは、一九三四年五月から一九四五年八月まで一一年間にわたり、吉林省琿春から内蒙古自治区ハイラルに至る四七〇〇キロのソ満国境地帯に合計一九カ所の要塞群を日本関東軍が構築し、地下に建設された地下要塞群の総延長は一七〇〇キロにおよぶと公表した。一方、私たちを案内してくれる徐さんは、一七カ所の関東軍要塞群の中でハイラル要塞が最も強力だと説明している。ソ満国境線を中心に関東軍が構築した要塞群については、まだ解明されていないことがたくさんあるのだろう。

（注八）李秉剛著『万人坑を知る―日本が中国を侵略した史跡』東北大学出版社（中国―瀋陽）、二〇〇五年、一一九頁

（注九）徐占江・李茂傑編『日本関東軍要塞（上・下）』黒龍江人民出版社（中国―ハルピン）、二〇〇六年、五一四頁・五一五頁

（注一〇）徐占江・李茂傑編『日本関東軍要塞（上・下）』黒龍江人民出版社（中国―ハルピン）、二〇〇六年、八〇六頁

（注一一）徐占江・李茂傑編『日本関東軍要塞（上・下）』黒龍江人民出版社（中国―ハルピン）、二〇〇六年、八〇九頁

（注一二）李秉剛教授―中国東北地方の近現代史に詳しい歴史研究者。遼寧政治経済学院教授や中国共産党遼寧省委員会幹部学校教授を歴任。「万人坑を知る旅」（二〇〇九年から二〇一四年）に四回同行。著書を何点か紹介しておく。

李秉剛著『遼寧人民抗日闘争簡史』遼寧人民出版社（中国―瀋陽）、一九九七年
李秉剛著『万人坑を知る―日本が中国を侵略した史跡』東北大学出版社（中国―瀋陽）、二〇〇五年
高嵩峰・李秉剛編著『私は地獄へ行ってきた―中国東北部、旧日本軍占領地区の生存労工の記憶』遼寧大学出版社（中国―瀋陽）、二〇〇九年
高嵩峰・李秉剛編著『走过地狱―日本侵华期间幸存劳工的回忆』東北大学出版社（中国―瀋陽）、二〇一三年

あとがき

「戦後七〇年」を迎える中国の現状

今年（二〇一五年）は戦後七〇年。この「戦後七〇年」が持つ意味はいろいろあるが、日本にとっては、日本が起こした侵略戦争の敗戦から七〇年ということであり、日本の侵略で最も甚大な被害を受けた中国にとっては抗日戦争勝利から七〇年ということだ。そして、戦後七〇年を前に私が知りたいと思ったことは、日本の侵略で筆舌に尽くし難い惨禍を受けた中国が抗日戦争勝利七〇年をどのように迎えようとしているのかということだ。

その答の一つを、本書で紹介する撫順と南京とソ満国境地帯の現状により具体的に示すことができたのではないかと思う。そして、本書で示した事実を基に、戦後七〇年を迎えようとしている中国の現状を一言でまとめると、日本の侵略で受けた惨禍に対する被害者の心の傷は癒えておらず、侵略・加害の事実を認めることすら拒み続ける日本に強烈な不信感を持っていると言うことができるだろう。

この、日本に対する中国の不信感だが、靖国思想に囚われた歴史改竄主義者の安倍晋三が首相として「君臨」する日本に対する中国の警戒心は半端なものではない。そして、日本が再び侵略する国になる道を突き進むのを許さず警鐘するため下されたのが、二〇一四年二月二七日の全国人民代表大会常務委員会における次の二つの決定だ。

一．九月三日を中国人民抗日戦争勝利記念日と明確に定める。毎年九月三日に国は記念行事を行なう。

二．一二月一三日を南京大虐殺犠牲者国家追悼日と定める。毎年一二月一三日に国は公式追悼行事を行ない、南京大虐殺犠牲者および日本帝国主義の中国侵略戦争の期間に日本の侵略者に殺戮された全ての犠牲者に哀悼の意を捧げる。

全人代常務委員会によるこの決定に基づき、二〇一四年九月三日の抗日戦争勝利記念日に習近平国家主席が出席し北京で式典が挙行され、式典に続けて開催された座談会に中央政治局常務委員七名全員が参加し、日本を激しく非難する習主席の重要講話が行なわれた。また、同年一二月一三日の南京大虐殺犠牲者国家追悼日には、前年までは江蘇省と南京市が主催する地方政府の行事として行なわれてきた式典が国家行事として実施された。南京大虐殺記念館で行なわれたこの式典に習近平国家主席が出席し、「歴史を顧みない態度と侵略戦争を美化する一切の言論に反対しなければならない」と強調する演説を行なっている。

戦後七〇年を迎える中国の情況はこのようなものだ。

中国の人たちと真の友人になるために

さて、日本に対する中国の情況は大変に厳しいが、私たちにとって重要なことは、中国が非難しているのは安倍首相をはじめとする極右・靖国派の「指導者」であり、日本全体を批判しているのではないということだ。日本が起こした侵略戦争の責任は日本軍国主義の「指導者」にあり日本の一般民衆は中国人民と同じように被害者であるという中国指導者の考えは、中国の一般の人々に広く浸透し徹底している。繰り返すが、中国が非難しているのは、歴史改竄主義を改めようとしない日本の靖国派「指導者」なのだ。

このような中国の情況を説明している、本書第二章「南京大虐殺から七〇年後の南京にて」の最後の部分を引用しておこう。

南京平和法要訪中団事務局の山内小夜子さんは、「日本で語られる『反日』という言葉の薄っぺらさを感じます」と話し、帰国後の報告で次のように記している。「『反日感情』という言葉であらわされることがらのその背後には、南京市民の一人ひとりの家族の歴史があります。反・日本ではないのです。戦争や暴力に反対しているのです。そして、侵略戦争に反省のない日本に不信と憤懣やる方ない思いを持っているのだと思うのです」。

（参考）初めての南京大虐殺犠牲者国家追悼日を目前に控える二〇一四年一二月九日に「南京大虐殺記念館特別功労賞」が中国国内外の一一人に贈られた。一一人それぞれが、南京大虐殺の史実を広く伝え、記念館の発展に卓越した貢献をしたとして表彰されたのだが、受賞者の中に一人だけ日本人が含まれている。そのただ一人の日本人受賞者が山内小夜子さんだ。

そういう中国の人々と真の友人になるために私たちがすべきことの一つは、靖国思想に囚われた安倍首相が率いる極右内閣を（正当な選挙で）退陣させ、道理の分かる人々が主導する民主的な政府を樹立することだ。そして、侵略する国には二度とならないと決めて行動を続けるしかない。日本と同じように加害国であったドイツは、自らの加害責任に誠実に向き合い、被害者の想いに寄り添う行動を積み重ねてきた。そして今では、ナチスドイツの惨禍を受けたヨーロッパで仲間として迎え入れられている。ドイツが実践してきたそのような歩みと姿に日本を少しでも近づけたいと思う。

中国の人々と真の友人になるため私たちがすべきことの二つ目は、草の根の民間の交流を一層拡げ深めることだ。指導者の理念がどれほど立派なものであっても、一般の人々の間で心が通い合う情況がなければ、中国の人々から日本が本当に信頼されることはないだろう。普通の人々によるあたりまえの付き合いが大切だと思う。

最後になるが、私と私の仲間と親交があるたくさんの中国の友人の支援があって初めて本書を世に問うことが出来る。私たちの中国の友人への感謝の気持ちをここに明記し、あとがきとしたい。

二〇一五年六月

青木　茂（あおき　しげる）
平和を考え行動する会・会員
撫順の奇蹟を受け継ぐ会・会員
日本中国友好協会・会員
長良川河口堰建設に反対する会・会員
アイヌとシサムのウコチャランケを実現させる会・会員
NPO 法人ナショナルトラスト＝チコロナイ・会員

著書
『日本軍兵士・近藤一 忘れえぬ戦争を生きる』風媒社、2006 年
『二一世紀の中国の旅 偽満州国に日本侵略の跡を訪ねる』日本僑報社、2007 年
『万人坑を訪ねる 満州国の万人坑と中国人強制連行』緑風出版、2013 年

日本の中国侵略の現場を歩く――撫順・南京・ソ満国境の旅

2015年7月15日　初版第1刷発行

著者 ―― 青木　茂
発行者 ―― 平田　勝
発行 ―― 花伝社
発売 ―― 共栄書房
〒101-0065　東京都千代田区西神田2-5-11出版輸送ビル2F
電話　03-3263-3813
FAX　03-3239-8272
E-mail　kadensha@muf.biglobe.ne.jp
URL　http://kadensha.net
振替 ―― 00140-6-59661
装幀 ―― 佐々木正見
印刷・製本－中央精版印刷株式会社

ISBN978-4-7634-0746-7 C0036